歷代神仙通鑑

(一)

第一輯 第10～17冊 歷代神仙通鑑 正編 第8種

（新編）歷代神仙通鑑目錄

神仙通鑑首集卷之七

神仙通鑑二集卷之十四

神仙通鑑三集卷之十九

神仙通鑑序

竊惟域中有四大。而道乃囊括之。道之用在德。其次曰功曰能而已。為聖為賢為仙為佛。皆從氏中鍛鍊而成。所謂煅煉者何。蓋以深體其道而形行之是也。然道體至虛。無聲臭形色。何途之從而物色乎。古人云。御六藝之珍駕。遊道德之平林。求道之方。必資于典籍可知矣。如儒家之九丘八索三墳五典。與老君之五千餘言。釋氏之三乘妙諦。何一非載道之具。但其旨淵澂。苟非明智之士不足以語此。若夫唯唯之氓。豈能扶藩籬。升堂奧哉。庚辰冬入覲神京。洎節蘄郡。萬勇氏夏振翁携一策見示。云出自徐子有期手集。贊雖騰而不傷于俚詞雖繫而不叛于道。所謂賢愚共賞者也。其明智之士固無論。即唯々之氓閭々。亦莫不了々。其披聾發聵。已振道風。舍

生生舍

是冥適武氏書凡四十卷。自渾
淪之初。至剖判之後。歷代興衰。
迄于明紀。幾千萬年之間。異
人輩出。羽化登真者。指不勝屈。
抑何氏書之浩瀚沖融若是
其甚歟。識者道之長圃也。

因接徐子於晉江舟次。淳龐
朴茂。古氣蘊隆。知其為有
道者流。仰其學乃以惻怛好
生為心。行軒岐之術以濟世。
余謂之曰。子殆醫中之仙耶。
此仙家之史也。有補于世多矣。

徐小子不敢獨擅其美稱是
集之成。賴毓齊程君揮汗
呵凍靡間。歷三載告竣。名之
曰神仙鑑。後之同志。闡揚振
刷無鼓類靡。此程君所厚
望焉。其可乎否耶。余曰。徐

子纂而集之。程子闡而潤色之。勞氏又爲藉許而樂道之。吾知繼其後者。必能刻劂以行之諸天下。俾知道之最大。實爲根園寶筏。超乎濁。登三清。于焉是賴。其詮曰

不可。時

康熙庚辰長至日

龍虎主人張繼宗撰

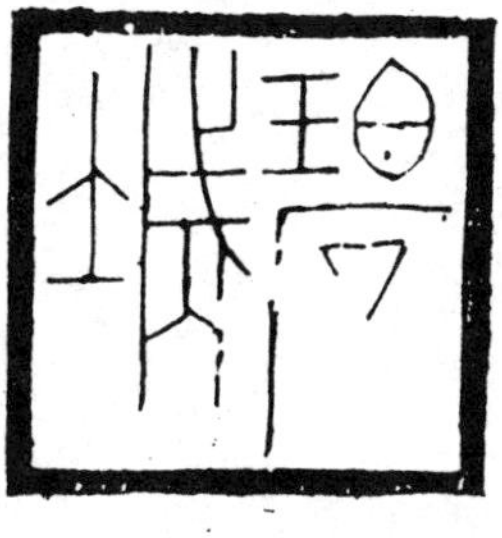

序

皇从之劉三教也欽天出齊日壘也眾昧以之畢照欽地出青江海也眾流於是乎歸卅出楚閩鼎立而三雖異應用不同而

嬰狂於洗黏觧轇則運化弘裨
要冢容於偏廢者無盡屈土護
法一論謂儒療皮膚徹療血脈
佛療骨髓是故儒以治世佛老
吕淐直心神界旨大約傳心藥

乎而就實背僞而歸眞盲利己
彼諸乎眞際三教以原此心同
也此理同也嗟夫古聖昔遙以
心多謬迺不悉聖以設教攸分
錯原壺幽縱辯者從而排斥之

互斥以旦附於彼者迺掙馳於
此業於儒指矛盾于佛老而不
知聖以出列參宗源〻相委初
非與竝峙以我也江湖日下一
蹉難迴空便千載以下徒溲吠

設敎如水援月最先生以聖賢
畀心以歸于正衛卓肰而同
眞性體而行之成勞心竭思疑
儒不知出處謂佛餘季彙以成
楊墨亓害近理足下宜鴻濛未

援儒入墨總總戴訹之不出近餘日月不可得而以言源匕而薪而蓺也壬辰春而附于册三今得披是錄見先 大君裨於眭物綜乎卅山莊間予嘗謂先聖

袁之嘆是以明陽平䛂隨之原
之心為心感而興原六錯契于
原壬錄也是錄也功則一百先
鬢蒼亡亦今三十老之散甚於
帙且從歷劫難名以感心又以

判繪而出之傳以盈雖百爾直
氏繩々栖繼和水踰奚以豕可
出和木出之本枝々先生直吳坐
光杜天一覽周圓生之平心率
瞶出教也旨矣哉以道咸歸眞

際此生知遇之感不覺躍于中而寓於外也于是乎書
康熙壬辰六月朔
敕建普陀普濟禪寺臨濟三十六代心明繹堂臣琹撰

道生而顚連幼就鄉塾每讀歷朝諸史輒
喟然宇宙之一瞬稍長偶誦二氏書義與
易理相深契迺徧閱經藏默有感通乙酉
歲得探林屋孰謂緣憂患中忝與玦樓之
選雖藉龜鑑爲本皆逐節傳紀命道貫繹
成帙其間興滅繼絕奬孝褒忠則摭素所
聞見而補綴者告竣日高眞謂此史之集
無妨政教不廢人倫斷陋襲之旁門闢久

湮之正路也已爰遇聖師清遠降鑒寸忱
隆報纂修之役慨傳金火之微道遇之密
鍊鍊之遂成皮骨旋化金剛眷屬同登林
屋覺姑問金液內外丹旨道謂之曰令子
女盈前玉帛眩目而此心不惑不動者為
道器也要在和而不流如坐懷亦可動而
不括弗閉戶何傷有是工夫方能入室漸
凝九轉大還行晉天仙高秩若夫上德不

務有作是謂純陽立躋聖域已判姤爻而事無爲斯稱玉液終落空亡徒恃身中活子時鄙採他家不死藥耳試以印證丹經奚啻分符鐵劵故京禁曰當傳過秘飭失人妄授獲愆徵匪類須知眞道之不離羣不辟穀不休妻不居谷大用法財同心呵護調攝黃婆鼎爐毋錯外豈砂汞鉛銀內非離龍坎虎嗟乎碌碌浮生誰識觀音救

苦姑訝觀音爲誰曰契不云離巳日光乎巳郎我也道願手敲節勁心虛凌霄漢無情之紫竹身坐中通外直出淤泥不染之青蓮補陀巖雪衣么鳳和鳴瑟琴同調潮音洞金甲迦藍護法寶杵降魔儘教眞武歸心三元會性善財合掌龍女呈珠楊柳承甘露金光透淨瓶云其初入悟境也青獅一吼五蘊始知殊利白象六牙蛾猸齊

誦智覺九華金地藏苦海紫檀航所謂大智大行仔比肩大慈大悲立四極夫然後紺髮周頰鬈生碧眼環匡閃露頓翻西相得見如來誓拼眾生分身太乙略似列莊之喻言誠探釋老之亘旨咦期聞妙道習累陰功敢委人謀總由天命學人勗哉勿云宿本有志竟成時不可再姑拜曰唯謹聆台敎矣

廣顯選仙宣史徐道書於包山玦樓華藏

飛倦而還閒居既久娛親以要天爵養翮以待清時恭逢

聖朝應運萬國咸寧復感出山之遊仍行濟世之道乃懸壺於葑關之十泉里庚辰冬

教主過蘇因捧斯集質之撰然作序得荷同志諸公捐貲剞劂壬辰春委送

大士像於南海挈拙刻請定於別菴繹堂二禪師卽蒙賜序將復詣曲阜叩謁

聖公一關并祈數言以為三家合參云爾

康熙寓歲穀旦胥否載識

神仙通鑑首集仙眞衍派卷一目錄

卷二目錄

卷三目錄

卷四目錄

卷五目錄

卷六目錄

卷七目錄

卷八目錄

神仙通鑑二集佛祖傳燈卷九目錄

卷十目錄

卷十一目錄

卷十二目錄

卷十三目錄

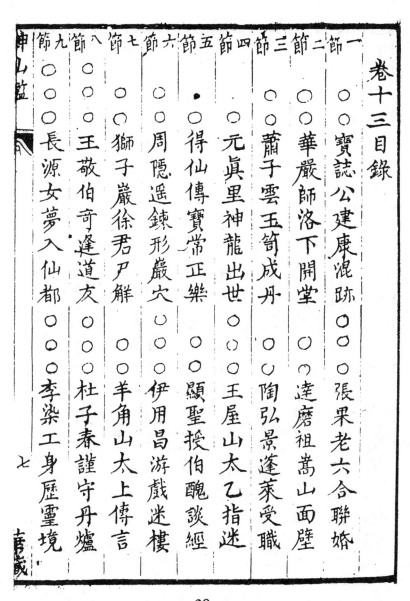

卷十四目錄

卷十五目錄

卷十六目錄

神仙通鑑三集聖賢貫脈卷十七目錄

卷十八目錄

卷十九目錄

卷二十目錄

卷二十一目錄

卷二十二目錄

說義十則

一諸傳志所載僊佛事渾殽皆逐位分列未曾貫串聯絡如片雲寸錦不成大觀且其間事多舛錯歲月不詳率意濫入奚能膾炙人口茲則彙成全集編年紀月而復羅考三教玄微遍採百家精義事取其詳文撮其要經營匠心闡明至理讀之令人擊節歎賞

一既名仙史而雜以揖讓征誅遷鼎逐鹿龍爭虎鬬之事似未免塵俗混可然文章家有賓主此蓋以世外者為主世內者為賓觀人世之成敗榮辱愈顯仙家之超脫耳況山中無曆日亦可藉以紀年也

一是集雖由仙史手輯而及門諸子復以作書詳推年月皇輿精攷山川窮九流之宗派究萬法之根源主腦既得脉絡井然至如朝廟器用之制鳥獸草木之名無不該載可以資多識而備參攷

一自帝王將相以至卿尹司牧文士武夫食客廝養樵漁農圃工巧陋劣異類無不可仙觀之可悟貴賤雖殊禀彝則一賢愚或異賦畀皆同但能立志求眞便可驂鸞駕鶴使其改行積善即可入聖超凡

史者在乎推派别懸繼絕存亡扶植綱常敦崇禮教故凡忠義孝悌貞節高行者必稍加回護補完缺陷若處

邪惡逆極言報應無致遺憾將使觀者息不平之鳴浮
大白以賞如曰妄加褒貶則無逃罪
一叙事質而不文恐掩其眞也故於出處之州郡修煉之
山川冲化之年月必按籍攷入非任意杜撰如稗官之
鑿空駕謊徒為識者所鄙至於山中聚會人世週旋起
伏照應或遠或近具有草蛇灰線之妙可與高下共賞
一集之所主者仙也而何以佛與神聖雜出其間蓋古先
生行化竺乾紫炁東來青牛西度史策彰彰可知仙佛
同源而麟吐玉書入周問禮猶龍之歎則又千秋公案
特以地異文殊如一姓分支世遠而忘其宗耳夫神則

說義

正氣所鍾亦仙之亞也道無二致。理有同歸。五常充備。仙也佛也聖也神也即其人也此固主中之賓也

一、集中神仙會聚飲食遊戲談笑贈答男女婚姻與世無異閱者或將指疵當知周穆瑤池之宴漢武七夕之桃弄玉嬪於簫史劉阮婿於天台裴航玉杵交甫明珠凡若此者見之史傳垂之詠歌不一而足詎爲虛誕試思神仙而悉尚枯寂則死其死矣何以仙爲

一、蟠桃三千歲一實如必至此始會仙聖亦何契闊惟其分植方諸崑崙須彌三處東花西實輪番作會千年一聚斯爲允洽且五老家不必盡指妙非印板文字而千

年之內復有小會以爲開鍵絕有安頓此即仙家實事
而史筆之剪裁亦不可掩至五百年必有王者興或先
或後必符應一刼亦見氣運自然并爲拈出
一凡標題評像俱有意義如目錄爲題尾語爲結格上爲
標註下爲釋像之大者爲壓卷像之細者爲圖事有項
評有旁評有摠評帝皇系以雙規統一寰區之象◎偏
安則半之◐王覇鎮以方隅專居四國之中口借竊則
缺之乃仙則腹抱眞一如太極之兆形⊙釋則身覆圓
光似空門之無相○先天上聖三花聚頂品至道高眞
二曜齊肩⊙⊙晤言存一點・派裔嘉聯珠、聖賢剛中

圓外儼然規矩⊡方術銳上直下未入範圍△神靈可

以四維來往⊕材勇止於一世縱橫十成道加圈仙女則偃

月有丹◡文人則平衡其手一邪魔乂頂昭角乂姦惡

標首代県丨不學無術徒立於旁　更號漫游倠録於

上不用旁豎方輿周行複道▯　圖書邊插牙籤△若夫帝王

成仙重城具德◎異類歸正野性知馴⊗后妃貴比日

宮◓西婦數成陰耦一不敢顯於責備寓於無字春秋

餘義類此而推

一隅舉之不反

太上老君　釋迦文佛　大成至聖

素上人
金母
嬰兒
姹女
木公

赤精
子
黃老

中山監彖

隼歲圖

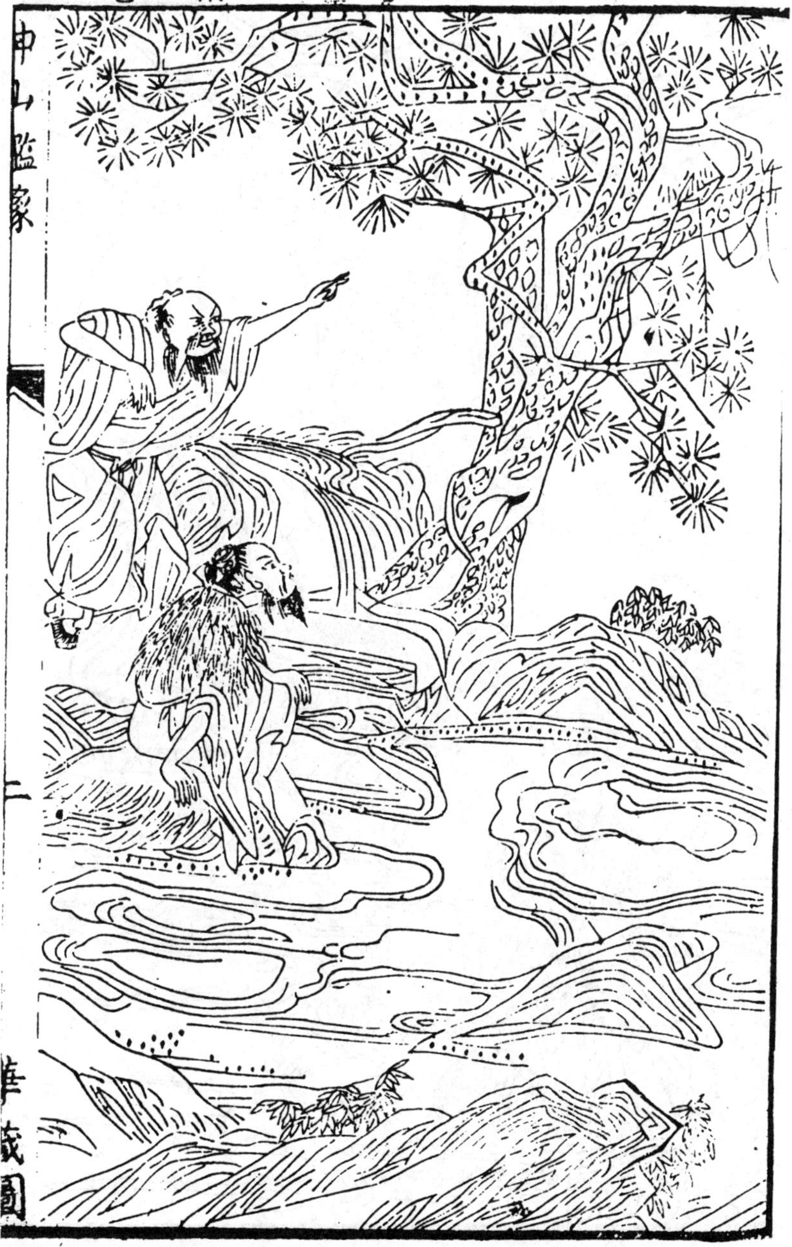

靈寶 元始 玉帝

上元　后土

神仙鑑象　一　三　華藏園

斗母

祝融
太乙
廣壽

白石生

金蟬子

玄女
真武

北嶽
西嶽
東嶽
中嶽
南嶽

天皇　地皇　人皇

伏羲　神農

黃帝
岐伯
山監象
七

帝禹
帝堯
舜

有巢　燧人

月宮
月宮

玄賓

回祿

秃視
鬼谷
窗學

禺彊
勾芒
蓐收

倉頡　費益

雷公
甯封子

赤松子
桐君
女華

神荼
鬱壘

姮娥

河伯

席老

稷
皐陶
伯益
契

子思

朱襄

虞余

大翳

黃魔

庚辰

章律

狂章

鎮元子

卞隨

務光

士厄

璪姬

老彭

青烏公

尹喜
莊夫人
徐甲

女媧
靈光子
十七
華藏圖

許由
巢父

彌勒

神山盆象

峄氎圖

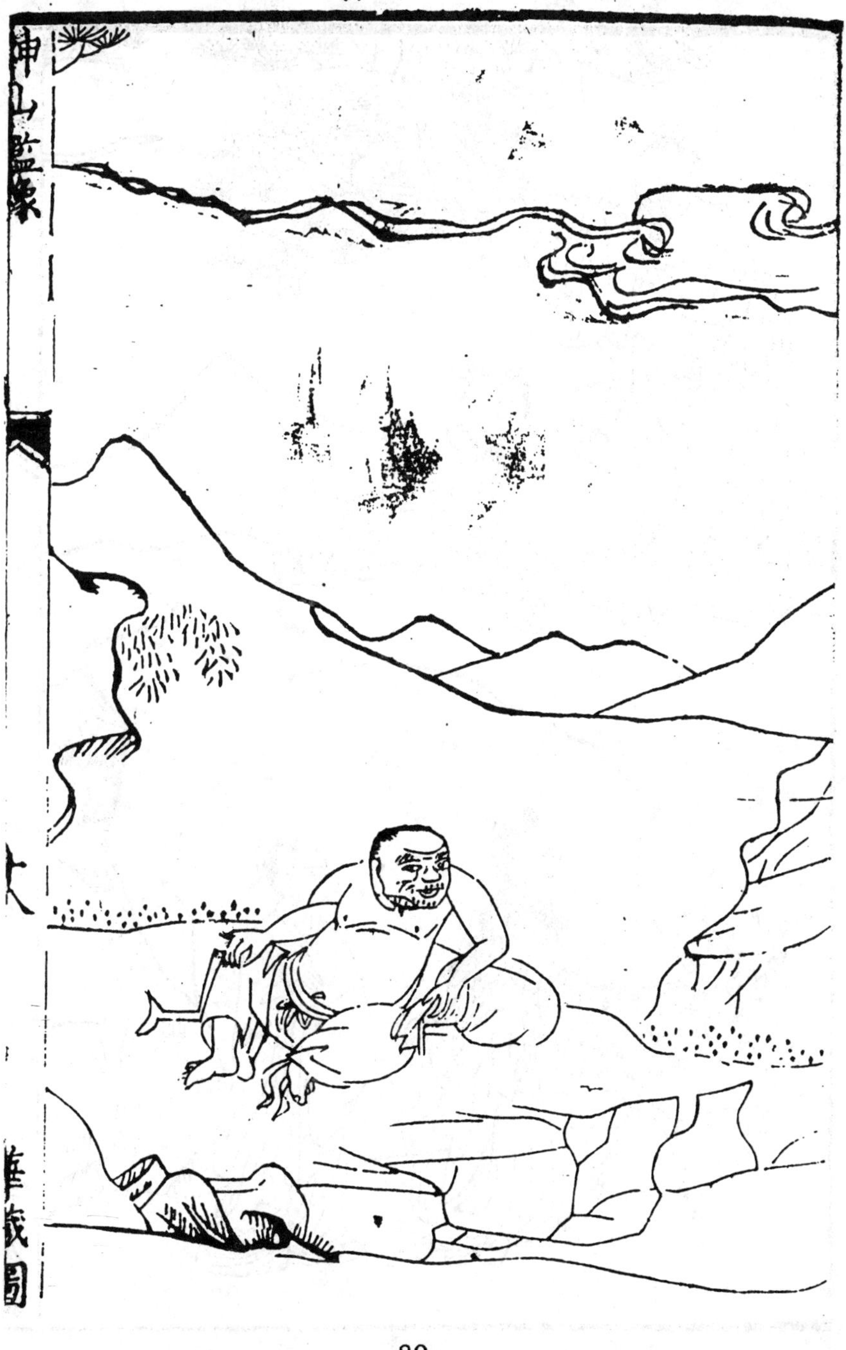

応軌
真多
李八百
張伯子

李凝陽

中山盬象

姜若春
彭夷
彭武
姜尚

師門子

林華

玄妙

自儀

媚蘭

接引
迦葉
阿難

文殊 觀音 普賢

孟子 接輿

黃初平
黃初起
韓崇

琴高
承莊
尉僚子

孫臏
屈子
丁令威

茅濛

沈羲

郝姑　藐姑

皇甫訥
公孫聖
扁鵲

披裘公

紀渻子
朱英

唐建威
李德芟
宋云刁
司馬錯

陳音　太白老人　犢子

雲氏
魯班

下将莫邪

墨子　曾子　楊子　列子

晏公
玄俗
李少君

東方朔

淮南子

女几
涉正

盧敖　韓終　侯公　石生

宋倫

太陽子

葉君

陳寶

盧仝
盧紀
太陰女
神仙鑑像
三

郭瓊
驪山老母
金申

折象

馮鳴

王真

弄玉　簫史

神山監象　三十三　韋藏圖

張伯子

葵璆

子胥
靈王

袁公

單子候 衛叔卿 竺法蘭

朱璜　擢江

王子騫
張湛
大魚姬

安期生

羨門惠

張良

東園公
綺里季
夏黃公
甪里先生

許季山
欒巴
張巨君

孃孟

孫皇妃　龐女　董雙成　王子登　許飛瓊

趙錢
方氏

泰山老父　尹林

茅固
茅盈
茅衷

李夏陽
青蓮

尹思

姚坦
周亮

歲星 熒惑

邵平

山圖

沈文泰

李文淵

莊伯微
石叔門
蘓子玄
陳永伯

周義山

刘子南 曾洞玄 孔元方 馬鳴生 張公超 隂長生

合妾
張合

刘根
梅福
唐公昉
蔡長孺

貞兒
嚴光
陳生

郝姑

鄒乃藥

蕭道超
魚道遠

徐景休

四七

虞叟

魏伯陽

方回
伯山甫
屈處靜

耶穌　如德亞

劉綱　趙叔達　韓康

趙昇

殷司命
木羽
魯般輿

哭雲翹

西河少女

瑪利亞

刘晨
阮肇
麗英
霄貞

王方平　麻姑　蔡經

鍾離簡　鍾離權

周倉
關平
關公

劉圖

石坦

挐長
傅陵

孔明
左慈

支謙 謝安 孫登

嵇康

官嵩
介琰
介象

葛玄

司馬徽
馮遇
管輅

封衡

厥逍遙

龐德公

顏子

華陀

劉劃　劉惇　古强

讐陵 仲都 智遠

新刻黃掌綸先生評訂神仙鑑首集卷之

林屋玞樓秘本

江夏明陽宣史徐衜述

汝南清眞覺姑李理贊

○太極判化生五者　○三才立發育蒸民

夫有形者生於無形無形爲無極有形爲太極故易有太易有太初有太始有太素太易者未見炁也太初者炁之始也太始者形之始也太素者質之始也形炁質雖具而猶未離是曰渾淪視之不見聽之不聞循之不得是謂易也易變而爲一太初也一變而爲七太始也七變而爲九太素也九者炁變之究也一者形變之始也清輕者騰爲

天濁重者凝爲地。天地既分，含精絪縕，而化生萬物，故物亦有始有壯有究，皆取法天地。天地者陰陽之根本，萬物之祖宗。物之最靈者爲人。與天地並立爲三才。然亦不越乎陰陽五行也。男自陰陽互交，五行錯綜，時在大地中央。濕熱相蒸處產出一人，方身圓面，智慧天成，常起立四望覽八極，俯低仰觀，日落月升，衆星每隨一大星旋轉，忽大星中靁道金光墜地，凝視之，乃與我同類，長逾一倍，徧體金色，（即下文所稱玄玄上人）前來俯撫而呼曰，冀抱汝久矣，融和之孫外達，始知汝已出世，遂拔裘草編爲帬，（衣巾之君）爲褁中體，命名曰黃老，與說降育根由，曰天地之數，有元有會十二會爲一元。如一週日之分十二分。日暮晦暝，如元會之混淪時也。夜之將半，陰中始得陽炁，如元會天開之時也。夜半後，陰炁將伏，尚暗黑莫辨，如元會地闢之時也。而後陽之精爲日，東升而西墜，號曰太陽。陰之精爲月，夜現而晝隱，號曰太陰。更有諸星列宿，其體生於地，而精輸於天。次居分時，各有道屬。兩間有日月星通光，如長夜之將旦，昧爽黎明之時也。於是百物漸作，而人始生矣。黃老乃問天地之形體。金色人答曰：凡物之生，必由胎卵，胎卵象圓，而生於水，故水涵天外，地爲天包，厥外惟寂，厥中惟靈。天一生水，如人身之有血也。地二生火，如人身之有炁也。水火既生則有風雲雨雪施行於其間陰陽迭爲消長日月錯行代明有寒温暑凉四時之候有東南西北中五方之位如人之血脉精炁運行於藏府形骸肢節得以轉利此天地之形體與人相應者也天地由太極之清濁以分人身必得人之血炁而有鴻蒙始判人道未立何由血炁孕育故天地以陰陽之旡炁氤氳交感先化汝五人於五方黃帝進問其義答曰凡物皆生於天而寓於地所謂陽施陰受也地有石有木曰山石爲山之骨木爲山之標山能宣地之炁散生萬物大地正中有山極其峻大若中天之柱名曰須彌下有一泉分流萬道奔注入溟而爲禪海海者

晦也荒迷冥昧之稱，以納衆流，又謂之天池。其外有大瀛海環之，復有黑洋、碧洋層層圍抱，再去八極之際，有曰弱水，性柔不能負芥，有曰若水，如烟如霧，一派溟涬之氣，直與太虛相接。海中涵浸四大洲，汀南曰閻浮提，東曰弗于逮，北曰鬱單越，西曰瞿耶尼。大地在四洲之中，瀚海之內，如果之有核，卵之有黃也。日月循行其旁，斜經海水之底，上下炳照，周流無息，四洲互爲晝夜。南洲南曰漲海，北洲北曰玄海，東洲東曰澄海，西洲西曰素海，東南洋曰滄，西南洋曰清，東北洋曰洪，西北洋曰洞。五方有大嶽，五老生焉。老者多歷日月之謂，嶽者棲真毓秀之山。北曰滄浪，首

水精子　赤精子　木公　金母

生一人我呼之為水精子南曰石居赤生一人號之曰赤
精子既而木公生於東之尾閭金母生於西之昆侖悉通
造化玄理惟汝性靜質厚故後四者而生我為汝等五進（玄玄之心）
寰中從此出去無復有所事矣黃者曰此外無無更將往（慈出）
居何所答曰涵濡圜外真元之水也其外則純一虛無自
然之炁耳以我無形之性入此真有之境而化為有形之
體若超彼無形之境則仍返無形之性矣汝其省之且招
四老與汝相合共贊玄功也以手指四維發四震雷遂自
頓身雲外化金光不見黃老注望若失南方赤炁炫空一
人飛行而至遍身皆紅鬚髮盡赤以丹藥綴體渾似一團

烈火未及啟問其人先曰我赤精子安居木石之間忽聞法雷見召故來聽命黃老正述所以見東方蒼炁浮空或曲或直向大地飛來赤精呼曰木公將至又北指曰玄炁凝空水精子來也有頃二老繼至木公色清炁秀形體修長上纏碧蘚絲蘿下縛蒼藤薜葉水精子深沉湛徹渾厚通明以烏木皮挂體手扶桄杖黃老一一叙語獨訝金母不至木公曰天地初闢以東華至真精陽之炁鍾化於我生於碧海之上蒼靈之墟以西華至妙洞陰之炁化生金母棲神於昆侖之圃閬風之苑性凝湛寂道體無為既屬同源焉有不至言未畢西方素炁橫空金母荏苒而來向

◎玄玄上人

前稽首各定睛觀之見其豹尾虎齒蓬髮戴勝身披珠玉瓔珞腰繫桑土長裙木公問何來晏金母曰予方高臥白雲猛被法雷喚醒整束趨來未識有何所事赤精子曰道祖既生吾等不欲任天地倥侗無物故令會黃老於大地贊助化育耳三老始知黃老名號見其形貌軒昂瑩煌滿面皆歡喜恭敬水精子曰黃者廣也厚也正也光也德合中和功同大地道祖之命名足稱其實也黃老謙謝木公曰道祖鞠我育我皆使有名可不遙尊其號少申報本之意四老擬議未定黃老曰道祖太虛無極上號曰玄玄上人何如衆皆拱手曰道長所論極當各跪地翹首稱頌禮

有此靈父聖母大丹可成

拜赤精子曰聞上人云天地大德惟生萬物之生生於有有生於無先以大鈞之元炁大淵之至精化生吾五人得（父母未生前）受上人之教當體天地之德代爲陶蒸生植方爲無負黃老曰生生之道還是如何赤精子曰道祖嘗言洪鑪朶象大塊甄形且言金火分胎水木合炁令以天地爲鑪造化爲工盡吾五人之力自然煅煉成功木公曰若從金液鍊形之道自能性命相見玄牝立交也黃老曰此則全賴木（本陳面目）公金母修持其事金母曰予初經此地須黃老導之木公忻然曰吾與予無妨謂金公木母黃老亦可稱爲黃婆赤（顛倒妙用）水二位焉有不相濟者乎當時黃老擇須彌山坳爲丹丘

斯為攢簇五行
是理也然乎否乎明者識之
天地大冶造化一爐又何

尋真孔穴處擣土為懸胎之釜員蓋方與覆載設位木公
冶山左五金之精為三足鼎金母陶西南五土之神為爐
月鑪水精子闢山後玄英之石滲真水擲貯於鑪安土釜
於中覆金鼎於上赤精子鑽直南搏桑之木取真火運符
其水一霎薰蒸逼逐鼎內之炁自太和中濤沉鑪底釜臍
下有炁透出引吸水中所含之金華自然橐籥盈虛河車
升降淵中暢美溢外融融五老能消息玄關默會丹頭凝
結撤去鼎器固濟抱釜出視晶光四注七日始斂黃赤水
靜坐高處神觀金木乃重弃壇竈移釜架於其上朝畏其
寒下復陽光之焱暮恐其燥上施太乙之精至於存神溫

疑焉
其出異
名
〇嬰兒
一姹女
互爲其
根
〇一子自
交生人
之始

養滌慮忘機處之咸中其節抽添旣久火候將周至九轉
、二花
之期采雲朝頂上甘露灑須彌〇金木知丹已熟掀開頂蓋
中有二物合抱金母順手携一視之是陽象嬰兒木公扶
起是一陰形姹女二老大喜三老在山頭同心察伺山塢
忽起萬縷烟霞充塞天地起身往探見嬰姹已現法象皆
踴躍相慶曰斡旋造化成就天人金木之功莫大也木公
朝元
曰五炁洽化豈區區所能哉五老各還本處二子棲止嵒
谷採取日精月粹自能洞曉陰陽牝牡作交胚胎始結月
交十遍盈虧育有兩兒姹女以玉峰瓊液雙哺之未幾復
育二女嬰兒令二男二女呼巳爲父呼姹爲母漸皆長大

嬰姹乃隱而不出四男女承襄天化四乳生八子男女各四長為四偶四父母亦退入深嵓與嬰父姹母同處八子或单生或雙生甚有三子同胞者共生五十六人陰陽相半自此生息漸蕃矣但有生必有死如草木之榮枯時序之寒暑然生多死少故後之生者大地已磨肩交影時黃老於須彌山頂俯察下方衆生蒸氣成雲哌聲聒耳熙熙攘攘遥成一世界適四老來山察望因言大地有人四洲寂寞初開爐鼎時无烝布塞之處凡山林川澤間生有鳥獸蟲魚唯人不之及耳令欲令此間之人散處四方惜乎肉身難渡黃老曰山後竹木參天可作筏浮海也五老四

於稠人中演說四洲之景願往居否衆鼓掌願往有安分者寧守中宮不去五老教願去者伐竹木成筏數千各扶老携幼四分而去隨風所之原來地形歆陷東南水皆憑高瀉下大筏順去者多逕至西北者無幾海中多島筏易留滯即散居其上後爲島夷諸種惟南洲汙下爲衆流歸處皆上厓擇地而居然慕他鄉風景而來及到時反覺卑陋欲回不得且耐性住下已而生子繁衍漸服水土但初在大地氣候中和雖有細雨輕風無大寒酷暑何妨露宿野處今遷南土一遇炎天烈日雨雪嚴寒無處藏躲乃相與掘土成窟夜則休息其中寒則深藏不出習以爲常時

盤古氏
渾敦氏

陶鎔造
化之主

勇丁起
元之義

有出類一人、生於大荒之野、身材四倍常人、頭角崢嶸、面目奇異、肢體麥砌、紺毛獠死、倒出口外、明天地之道、達陰陽之變、是謂盤古氏、又曰渾敦氏、盤古、猶盤固也、渾敦、未昭晰之謂、敦、或作沌、見山嶺崎嶇、川源浩蕩、彼此阻絕不通、乃教衆人於濟渡津頭、搭起浮梁、填平衝激、自審山石之精堅者、熱之、以椎鑿險峻巉巗、一時否塞開闢、相通往來、衆皆服其作用、相與尊奉之、盤古遂出御世、是爲三才首君、始有君民之別、盤古常坐高處、衆人聚立聽教、乃分講天地回旋、陰陽消長之理、上說三光、下談四海、聽者忘倦、由是混茫肇開矣、迨盤古歷世既久、一旦化去、民皆哀慟、有子十七人、長曰

午會

上元夫人

天皇氏
天靈

閼逢 旃蒙 柔兆 彊圉

赫天民埋父屍於中山（今河間青縣山頂平衍上有瀑布環其下數十丈常有猿啼鶴唳之聲游水）自揣不能治世避入東之泰山以居衆民思念盤古將其鑿山之物埋之以爲記念（今鎮江有盤古冢即此）西方人民憶盤古昔探河源轉尋江流來此規畫其所踐之跡相戒敬禮勿犯（今南陽泌陽縣有盤古廟）西北隅熊耳龍門二山之間有一上元夫人莫知其始生子十二人皆以天爲姓長曰天靈生得體段頎羸口含三舌驤首鱗身碧盧秃揭中具聖人之質其十二弟之名一曰閼逢（甲）二曰旃蒙（乙）三曰柔兆（丙）四曰彊圉（丁）五曰著雍（戊）六曰屠維（己）七曰上章（庚）八曰重光（辛）九曰玄黓（壬）十曰昭陽（癸）十一曰閹茂（戌）十二曰大淵獻（亥）皆出入如風行燄吐

著雍　屠維　上章　重光　玄黙　昭陽　閼茂　大淵獻　三輔　九翼　后土夫人

丑會

地鏗　困敦　赤奮若　攝提格　單閼　執徐

天覊不務興作、澹泊無爲而俗自化、人民尊之爲主、是爲
天皇氏、繼盤古以治、以木紀德、足君臣之位、以三輔九翼
爲佐、秉籙司契、爲龍鳳雲篆之章、是時五運始興大化始
立、天皇既老、聞西南岷山有后土夫人、生子十一人、以地
爲姓、長曰地鏗、兄弟俱少有聖德、天皇召之與語、果孫不
羣、地鏗之弟、一曰困敦（子）二曰赤奮若（丑）三曰攝提格（寅）、四曰單
閼（卯）、五曰執徐（辰）六曰大荒落（巳）七曰敦牂（午）、八曰協洽（未）九曰涒灘（申）
十曰作噩（酉）、天皇乃以巳之少弟閼茂大淵獻配於地氏之
下（戌亥屬乾之義）、曰千二支、以闕達下諸弟、曰十天干、（干支如木之幹枝）
地鏗以日照爲晝、月照爲夜、一晝夜爲一日、三十日爲一

大荒落
敦牂
協洽
涒灘
作噩

月衆星循躔度數運行於空道有東方一星越歷諸宿宣徧陰陽十二月始行一次而寒溫暑凉四時之功畢故以之爲歲此日月星之推驗也地鏗爰定三辰上告天皇天皇乃以所制干支之名加於日月時上以紀次之所在周而復始曉示四方而民始有節候矣天皇在世一萬八百歲而終天氏弟兄共推地鏗爲君鏗辭不允地氏十弟皆

地皇氏

來贊勸始從之是爲地皇氏其相蝦目馬蹄超顛皰首能察天地鈞軸旋轉之理正是天地精靈初發育乾坤類象漸昭明

此節誠全部之大綱統天地之樞機鼓陰陽之橐籥所

謂胞羅宇宙、掌握乾坤者非歟、

由一元而分二氣、由二氣而現五行、然後三才立而品物流行、自是至理、其嬰兒姹女、乃生生之基耳、五行陶鑄、妙有真玄、非若野乘之姑妄言之也、

喜新厭故、流而不返、世之人情也、不謂古初大地之民已如此矣、豈天命之性本然乎、

盤古後衆人而生、萬殊歸於一本也、首三才而立、一本而統萬殊也、合而觀之、知玄玄爲上界之盤古、盤古乃中界之玄玄也、宜爲羣真之祖、

周御国
辰祭從
摩利支
萬泰陽

天英
天任
天柱
天心
天禽
天輔
天冲

○○○黄神氏存神煉已　○○○泰壹君守一修真
繼天皇氏而立、因其治而治、以火德王、上協天德、下作地
利壽亦與天皇相同、地皇既沒兄弟不任互相推委指修
山中有九異人、乗雲祇車能御空駕炁乃北洲鬱單越周
御國王之子其姥摩利支西洲天竺國人有大神通出則
陽炎能遊行四海徃來印度、印度月也、日知周御國王辰祭從
好善因與之生子九頭摩利支以萬爲姓號泰陽九子長
號天英次天任次天柱次天心次天禽次天輔次天冲次
天芮次天蓬天姥皆教之以法爲見本土人民稀少乃謂
之曰、汝等雖生於北之勝處制治在於南之勝金可徃閻

天芮　浮提設教也、九子遂別天姚駕車提羽南來止於指修山

天蓬

人皇氏南民見其車服有異神智莫窺因推天英爲主繼天皇地

九頭氏皇而出治以土紀德生得洮類乖胡驤鱗達腋初爲九頭

氏又號爲人皇以應三才人皇思天下之大非一人所能

理乃與兄弟乘車周遊八方相度山川有平夷險阻坎陷

深淵之不同依土地之形勢區分爲九州於是州有九土

土有九山山有九塞澤有九藪水有九品

東南神州曰農土　正南次州曰沃土　西南戎州曰滔

土　正西弇州曰拜土　正中冀州曰中土　西北台州

曰肥土　正北濟州曰成土　東北薄州曰隱土　正東

陽州曰申土　九山　防山　泰山　王屋　首山

太華　岐山　太行　羊腸　孟門　九塞　太汾

澠池　荆沅　方城　殽阪　井陘　令疵　句注

居庸　九藪　具區　雲夢　陽紆　大陸　圃田

孟諸　海隅　鉅鹿　昭餘祈　六水　河水　赤水

遼水　黑水　江水　淮水

居方氏

人皇既定九區兄弟各居一方而治又曰居方氏人皇在中區設教宣化八方令民間有賢能者招來左右名之爲臣使各司其事教民尊敬君長在上者必當愛護下民老病者宜服事之幼弱者宜鞠養之更教民夜寢晝興一日

九皇氏 卯會

◎	◎	◎	◎	◎
皇伯	皇中	皇卡	皇季	皇少

◎龍

之飲食惟晨起日晡將暮三飧不可過飽致成疾病又謂男女不可無別使其自相擇偶一男止配一女不許淫亂即合九區遵行如一當是時也萬物羣生淳風洽穆主不虛王臣不虛貴政教君臣所自起飲食男女所自始人皇兄弟皆化民成俗因號九皇氏九皇南來治世合及天地二皇歲數時有兄弟五人曰皇伯皇中皇卡皇季皇少治在五方以司五行布山嶽繼人皇氏御世於是山林早濕之處禽獸鱗介更盛甚至與民雜居水族中有一物焉得至陽性極靈應變化莫測名之曰龍爲百蟲之長種類有九（贔屭、睚眦、蒲牢、狻猊、蚩吻、囚牛、嘲風、狴犴、霸下、）形狀有八（牛首、蝦眼、獅鼻、鹿角、蛇腹、魚鱗、鳥爪、鼠尾、）

五龍氏　攝提氏　合雒氏　連通氏　敘命氏　鉅靈氏

凡第五人得馴制之術、各馭一龍、遊行本方、以治人民、號爲五龍氏、天道亦應之、日月貞明、雨暘時若、有攝提氏五十九姓、以歲首爲紀、繼五龍氏以治、分畫山川、各統一隅、因五龍之政、畧不改作、繼有合雒氏三姓、分居三方、乘蜚鹿以理、龜圖出雒、從而合之也、謂君民同是穴居、無分高下、乃定其制、君長居山洞巖穴、下民仍居土窟、復有連通氏六姓、乘蜚麟以治天下、道化相承、通徹無間、敘命氏四姓作乘六龍繼治、能通以天命也、自九皇氏至此、共八十三君、是時姦究未恣、情欲未侈、人既羣生、而凌逼之念不起、物雖阜聚而刼奪之患不興、故天道均和、人無夭札、有鉅靈氏者、一

尸焘皇　五丁力　循蜚紀

號尸焘皇出於汾陰脽上（水南曰陰脽尻也言水之下流）能揣九變化隨物施爲萬民見其握天象持化權皆從其治鉅靈居無恒處爾時跡躔蜀中有兄弟五人號五丁力士巨靈召之逸於深林不出鉅靈乃烈火焚林五丁無置足之地不得已皆來拜服鉅靈無疑忌揮之驅陰扶陽開山逐澤蓋盤古削平之路依然崎嶇踈導之渠仍復壅塞或橋梁毀折或樹木叢生五丁身長力大凹處填平凸處削去焚開林木搭起浮橋更有鳥道懸厓盤古所未到者都闢爲路徑五丁士功成復命鉅靈大善乃敎以修真養靜之道相隱蜀之深山是爲循蜚之世以其持德厚信砡人循其化速若

辰會

蜚鳥也治世之君皆有號而無世惟德相承不用智力有

句彊氏
句彊氏譙明氏涿光氏鉤陣氏至黃神氏一曰黃袜偉體宏聲

譙明氏
獨知性命之道常以清淨致治歷三百四十歲容顏不少

涿光氏
衰時長淮有徂神氏亦善修鍊之學黃神以其志向相同

鉤陣氏
乃讓之爲君自匿山中安養徂神出駕六蜚羊頭彎一角脅排六翅

黃神氏
其行若電巡行天下人民從其化治世三百歲亦隱而不

黃袜
現五傳共千五百歲有犁靈氏相繼而治其沒也尸在東

徂神氏
荒經百歲不壞復有大騩氏出一曰泰塊居於南崟之曲青要

六蜚羊
之山得武羅爲佐相洽以治大騩御世既久見歲月如駛

犁靈氏
生世無常每自歎息曰吾將沒於無垓之宇遊於泰清乃

大䰢氏　敎武羅獨掌治柄避入具茨之輿後人見之更覺顏少如

泰塊　童武羅生而有虵人面豹文小腰白首聲鳴如珮平穿以

武羅　鐻自大䰢去後更號鬼隗氏一作䰢人民莫敢懷姦鬼隗出

鬼隗氏　入叵測困遊敎岸山首遇一人跨獸閒行問其號氏云是

薰池　野民薰池鬼隗見其辭氣雍和知可任重遂以天下託之

弇茲氏　薰池不敢辭是為弇茲氏不待作為而民自化咸畏鬼隗

之威而樂弇茲之寬鬼隗歎曰是一治也吾弗逮矣乃退

夫諸　入青要弇茲剝亦隱去其所乘之獸曰夫諸狀如白鹿而

四角民有見之者必伏地望其再來時有泰逢氏居於和

泰逢氏　山是山曲回五重實惟河之九都泰逢好遊出駕文馬司

文馬　於蒼山之陽，出入有光，能動天地之炁，致興雲雨，民稱之

吉神　曰吉神，一曰沒為河神，皆從之遊，後冉相氏出於陽紆，秦逢遂隱

河神　和山，自修冉相，得其環中，思治道必以省約，以隨成與物，

冉相氏　無終無始，無幾無時，不樂巡遊，民都歸化，謂之曰真人。冉

真人　相歿，有蓋盈氏生於若濆禺中之地，若水之間也，亦因其治，又

蓋盈氏　有大敦氏，靈陽氏繼出，靈陽亦曰陽帝，處於千沙之丘，今長

大敦氏　沙地，寄跡甘泉山，在衡山之陽，今茶陵之雲陽山，有七十二峯，厥化混混，厥生濛

靈陽氏　濛，自號雲陽山人，常言雲陽之墟可以避世，遂深入養靜，

巫常氏　後有巫常氏出，務以退讓化民。泰壹氏繼出，是為皇人，開

泰壹人皇　圖挺紀，正位神明，能執天下大同之制，調宇宙大鴻之炁

長子都操法攬而常存者。爲政四百歲餘，頗厭塵囂，與長子都少

少子章子章隱於天中山，其弟鎮元子自在西土萬壽山修真。時鎖一筆帶出鎮元。

鎮元子有一人出於中區空桑之地，其處有中空廣桑一株，故地

空桑氏以木名人，以地號，因曰空桑氏，又曰廣桑氏。今陳留縣南有空桑城。

神民氏一遵泰壹之政，而民相安，及神民氏出都於神民之丘，使

五花六蜚鹿民神異業，各治一事，精焉通行，令編草爲衣，易果而食，令

猗帝氏伐木作桴，便於水道，民皆悅從，因呼曰神皇，駕五花六蜚

倚帝鹿治三百歲，入山不出，又有倚帝氏治於猗帝之山，故以

次民氏爲號，次民氏繼之，一曰次是皆從神皇之教，令自鉅靈氏至此

次是凡五十二氏，渺穆之俗，漸次彰明矣，時有辰放氏作正常

已會

辰放氏

皇次屈

六飛麟

元皇

因提紀

天地易命是爲皇次屈產於郭海之地生得渠頭四乳駕六飛麟而從日月上下天地常入水行能與鬼神比德合謀古初之人卉服蔽體非爲禦寒而作及今民情漸開物欲牽擾烝稟少衰寒時深藏巖穴和暖方出覓食遇暴風疾雨皆挨肩偎抱縮首折腰辰放巳身精血充盈寒暑白若見衆民不耐茲苦乃教其捧木茹皮可披身以禦風霜綯髮閹首（閹音散覆蓋也）勿垂背以去霔雨（霔一作霖）而人從之遂稱爲衣皮之民辰放治二百五十歲臨終命塟於峨眉山旁號曰元皇子孫歷傳四世初循輩紀時惟德相承有號無世至此則父子繼立有號有世咸有制作後人因而利之

蜀山氏	蠶叢	柏濩	魚鳧	景生	歷傀氏	渾沌氏	東户氏

是謂因提紀凡十三氏次曰蜀山氏繼辰放以治蜀之為國肇自人皇其後有蠶叢柏濩魚鳧三君各數百歲蠶叢出居瞿上治民魚鳧導合江流及治蒲澤後入彭山修道柏濩世守蜀山因以為號有君曰景生人氓椎結左言民多懵懵無知為髻似椎言非順正而戾不知文字因教以會理民物使之智流四遠時大通明復有歷傀氏出治東北傳六世而渾沌氏作於西北生而不殺予而不奪執中涵和除日無歲無內而無外者渾沌之治也傳七世東方有東户氏作其為熈載之世紹荒屯遺美好乗精拱默九土承流禽獸成羣竹木遮道顏行不拾遺遺隨處有餘饟宿之隴首衣以木皮其

皇覃氏　鳳　上元　啟統氏　吉夷氏　几蘧氏

訶樂而無謡其哭哀而不慟蓋至德之治也其傳始遂十七世而皇覃氏作又曰離光氏其治天下官天地府萬物在而不治信乎無假是故生死同兆而不可相陵時有六鳳鳥出羽蟲三百六十鳳爲之長鴻前麟後蛇頭魚尾龍文龜背燕頷雞喙雄爲鳳雌爲凰五釆成文九苞脩德其性純和不虐羣下居則百鳥朝拱飛則隨之爲天下靈瑞之物非梧桐不棲非竹實不食有道之世則見皇覃氏知其應時來儀但自謂自歉不少夸異治二百五十載遂逸入太白山其子孫相傳七世有啟統氏作傳三世有吉夷氏作傳四世二氏皆韜光晦迹而民自化萬庶如涵泳於和燕之中及几蘧氏出不治亦不亂猶耳目內通而外乎心知時天下之人已將人皇所設配合之道廢

上古民如野鹿僅然

弱者強之肉

狶韋氏

弛晝則旅行夜則雜處是以所生子女惟知有母不知有父一似鶉居鷇飲鶉鷸鳥也性淳而無常居鷇鳥子欲出者必待哺而活一生世不求不譽死則槖昇風化而已几蘧氏任民情所欲謂之曰知生之民几蘧氏沒狶韋氏作得道以挈天地令民自適已意乃就泉通沼即阜成臺隨地種木栽花滿園鳥啼獸走日與民同樂佚遊無度暮亦忘歸太古之民穴居野處夕隱朝遊捋生咀華與物相友無妒傷之心逮乎斯世人民機智欺禽獸爲異類試將馴善小畜撲殺以爲可取其後侮及猛悍之物而物即舞爪張牙抵角噴毒與人爲敵人不能勝反遭其害狶韋氏傳至四世東海有聖者作駕六

有巢氏

殺機動莫劫奪之教也

龍從日月棲於石婁之山顛不忍見民如此乃教之構木爲巢聚薪爲櫓暑則高棲其上寒則仍居穴窟令其壘石横木以掩塞之或於路遇猛獸可攀緣所架櫓巢以避民大悅因號爲有巢氏一曰大巢氏其時食草木之實人多食少半飽度日都有麤弱而艷者有巢君復教民曰人多則勝獸何不聚衆入山搏執禽獸以爲食飲其血茹其毛先取其皮蔽前後取而蔽後愈於木實難繼草衣易敝也衆人集有力者在前老弱隨之各執梃投石或徒搏設機捉取禽獸果然肥甘適口號曰有巢氏之民寧其羽革紩衣攣領加兠冒以貴體自此恣啗血肉生起雄心暴性常爲爭

◎公道老人

◎燧人氏

奪禽獸在曠野相毆甚有持杖格鬬負者不伏結紐至公道老人處質之聽其分折老人乃有巢君所選秉正執中者使其處分庶事刻木結繩以爲政不許爭詰鬬毆自是少息此爲斷訟之始上古人民既死舉而委之於壑都被禽獸所食蠅蚋攢嘬人子過見顙泚中心不忍乃以虆梩取土掩覆至是有死者教其厚衣之薪而瘞之不封不樹爲葬埋始也有巢氏治三百餘歲而隱傳二世有燧人氏出於天水觀天之星辰列爲二十八宿分歲爲春夏秋冬四時時各九十日分孟仲季三月初遊丕僉山顛其山不周爲日月之都黎明見一鳥金羽三足長喙赤睛在南乘

大木枝上丁丁而啄粦然有光復投南飛去燧人察知空
中有火麗木則明。乃別五木之性順四時而改火以遂天
之意謂之五燧春取榆柳夏取棗杏季夏取桑柘秋取柞
楢冬取槐檀效鳥啄啄木法以剛尖之物鑽之始以烟起
繼以火出自有巢教民巢居猶未知火食燧人教以鑽燧
取火得燔炙熟食之法而民大利故曰燧人氏謂木器滲
液又教民范金合土陶冶器皿爲缶甑甗瓿由是火之功
用弘矣正是火體既明方可用窑坯未煉不能堅
五龍氏繼三皇而出治蓋自人皇區分九域已寓五行
八卦九宮之義故即生五龍以明示三界之中總由五

行制化也至其降龍一語直爲全部結穴祖脉閱竟始知史筆之神

世路崎嶇人心否塞須五丁時時開闢爲妙奈何置而不用問五丁安在曰聖教五常是也

節中天真上聖顯跡已多至後逐一證果方見照應閱者須自識之

黄神猶出世成真止云煉己泰壹則從茲證道故曰修真史家立言自非泛泛

○○赤精子逐逢廣壽　○○○紫燕翁道合五行

更教於夏秋多積柴薪冬則煨而煬之可以祛寒夏天水煖令入入洿池沛澤捕魚鱉烹食人民更可度日修結繩之政教民有大事則綰大結於繩小事則綰小結於繩以免遺忘擇民間聰明易曉事者先教建占時令以正方位指天布躔以分七政指明禽獸草木萬物名色以資民識立一傳教之臺使坐其上稱爲師長民有事物不諳便去請教師長與之開講明徹師道之始也又教民日中爲市各以貨食器物之類齊集市上通國之輕重以有易無而交易之道以興自是貨用轉而不匱人晴益遂又號遂皇

戶雒氏　◎明縣　◎必育　◎成博　◎隕丘　可見潛治之妙

皇擇戶雒氏之子四人、曰明縣、必育成博隕丘、協供臣職是爲四佐、明縣曉升級、級等差、政所先後也、必育受稅俗、受賦稅及徭役所宜施爲也、成博受古諸、古諸侯職等也、隕丘受延嬉、延長、嬉興也、主受此錄也、皇出行使明縣居前爲疑、以擬其前、必育居後爲丞、以承其後、成博居左爲輔、比我而相之之謂、隕丘居右爲弼、拂我而相之之謂、而輔相之道以立、先是人民木食露飲、慾心淺淡、今得火食血肉、慾火亦以漸熾、男女交接無度、恣情歡樂、多致精血傷枯、形骸骨立、遂成癆瘵之病、同氣者每遭傳染、深爲可憫、遂皇因立法度、與先聖人皇相合、制男女歸娶之年、以息其情、凡男子三十歲可娶、一女爲妻、女二十歲始嫁、一男爲夫、晝同食夜同眠是參天兩地之數以歲數規定不許蕩淫違者衆攻之自此生下子女始有父母兄妹遂皇得舉四職而大道平人事理粗成景象治世一百六十歲而終傳世凡八

庸成氏

有庸成氏出治於羣玉之山平阿無隘四徹中繩示人以坦易明與實有

季子

季子其性喜淫庸成怒放之西南季子

三身國

儀馬而生子身人而尾蹄馬是爲三身之國庸成之所爲治皆遵守先皇之法亦傳八世復有

軒轅氏

軒轅氏作於空桑西北今新鄭縣之北有軒轅丘能紹物開智見景生情出遊見風吹蓬葉旋轉而舞乃制乘車將材木輻輳爲輪設轄駕懸兩旁中設坐位後有轂推之兩輪就地旋動無異轉蓬其上橫木

祝融氏

廣壽老人

爲軒直木爲轅以與君長乘之衆人不得僭用謂之軒轅之車故號爲軒轅氏木德爲紀民皆歸之軒轅權畸羨審通塞令四方人民凡崎嶇不平處治成康衢便於車轍往來山有產五色之金者教民掘取鎔鑄器用先治金爲鬴可盛物以烹飪一名金爲冶屬之父五金分等次黃曰金白曰銀赤曰銅黑曰鐵青曰錫別上下而用以明貴賤遂伐山取銅以爲刀貨以衡輕重時有祝融氏者沃土荆沅人少聞大陸廣壽老人可三千餘歲不耐塵煩居山顚養乃徃拜之廣壽謂曰觀子未有嗜欲無所造化當君主天下非修眞時也吾誠受以尸解之法後可嚳葬於衡山南

祝誦
祝和
祝由

得聽赤真人之道即有成矣而子之後必有興起焉者祝
融不忍辭去老人曰吾將遊南極大荒子毋戀我祝融告
退後至弇州之山見古木槎牙有一五彩之鳥仰天而虛
奚有百鳥鳴集彩鳥與之和鳴祝融聽其婉轉抑揚學而
以爲樂歌羣鳥亦飛集前後同聲皆鳴祝融知可以通倫
類諧神明偶於稠人中歌之聚聽者忘倦向之麤浮情性
化爲溫柔相應而和者幾千百人終日唱和爲樂謂之屬
續之樂移風易俗而人多壽故號曰祝融又曰祝誦三曰
祝和以其歌誦能使景象融和也遇人民有疾苦莫識爲
其祝說病由又曰祝由時軒轅氏治世已久欲尋賢能者

禪通紀

讓之聞祝融得民情之和，乃以軒轅之車召至，遜以大位。軒轅遂退入深巖。祝融不得已，乃治都於鄶，一作鄶。築土圍居，以盛君民。今汾州有祝融城墟。自軒轅氏以下爲禪通紀，言其讓禪之德通乎天道也。是時三綱正，九疇敘，天下洽和，萬物咸若。祝融常患毒蟲惡獸藏於草莽林木間，民或卒逢其害，乃教民於燥烈之時，舉火焚之，徧處延及，兇惡之物逃匿遠竄，不敢逼人矣。

赤帝

祝融又思軒轅氏將五金治鑄爲器，性脆易敗，教民煆鍊成熟，用鉗錐打就物件，民從之，果覺更爲堅利。因其以火施化功多，又號曰赤帝，以火爲紀。在世二百餘歲，臨終召臣民謂曰：主治天下，非庸俗所能爾等宜擇有德者歸之乃令子孫避居於南之烈山配合火德其後世爲火官不忘廣壽老人之言遺命葬衡山之陽南嶽諸峯最高峻者名祝融峯下即葬處初廣壽南過衡山遇赤精子拜之曰叨生此土愧無益於世近祝融氏行用火功民皆賴之宜其世掌化權是亦上真之一助也赤精子曰五行迭興火能久熾乎前次土須彌黃老曾言塵世芸芸愚蒙未啟必得大聖大知之人撒提聾俗漸次開明今將往會黃老講明天人消息之理子能偕行否廣壽辭以身重步艱不能追隨遠涉遂自拄杖南行慢慢轉入天臺高山以養無疆之壽赤精子獨往須彌不期木公金母水精子先已在彼

赤精此問大妙

黃老曰、五行各一方、一時齊集。寧有機緣將萌乎、赤精子拱手言曰、人禀清炁為聖賢、濁炁為邪佞、而何四洲之旁、有與人形特異者、不及有餘、種種非一、是其氣血之偏歟、抑亦天地之賦歟、黃老曰、竊觀六合之內、凡人之性命。實由天賦、至於形體感受有異、或為地土使然、或緣陰陽乘勝、如純陰之土、照井浴身、片時即孕、皆生女子之形、純陽之區、埋肝藏肺、踰歲復甦、遂成丈夫之國、三身無腸、表裡之盈縮、奇肱一臂、左右之偏枯、巨陽太盛、三乂其頭、厭陰反常、逆交其踵、大人靖人（靖人小人國也）、地之厚薄不同、真臈不死（真臈國二十歲而老死、不死國百歲猶云短命）、命之殀壽有貳、結匈貫匈膻中損益三目四、目、肝竅有、餘白子黑子、陰陽其色羽民毛民禽獸其形、臂通耳竅太過則聶聶耳國耳垂手有、舌發心苗、畧盛則岐、岐舌國舌有兩尖目聚五臟之精華、下陷則窅深、有窅目國深目國、齒屬腎經之寒、骨、歐固則金雋、有金齒國黑齒國、有脩長臂、手足特殊、僬僥周僥身材更小、玄股赤踵水火相乘於下部柔利彫題金木末配乎上停、畧舉其概而言、餘推其理皆是此類本性愚樸、良善者多、即有兇頑、久而自化、不若南洲之人衆而姦宄間有聖賢出治、難華其心也、朱精子曰、道長所講、理極精微、但未知南洲之人何其易於生育、較之他洲、幾於什倍七八、初散處四方時、所至西北東者雖少、

敎之不至緩也如是

今察之猶不加多是亦地之有異乎黃老曰四方合四時。四時寓五行。萬物遇春則孕字生發故東方之民生而未盛物至夏則暢茂條達如火之易延而熾故南方之民生化甚繁也物至秋彫落慘淡如金之肅殺從革故西方剛脆而民易夭物至冬蟄藏不見如水之在地故北方地寒而民少生惟此須彌大地如土位居中而兼五行寒熱溫涼各隨其宜故人民生而長壽不滅常存但南洲生息蕃衍物類蔓多嗜欲無節機詐百端良由德教不興所以是非日起必得出人頭地之君輔主宰三界提挈綱維方可

木公曰聞南土初有盤古開鑿混沌三皇分理三才既而

真是先天之烝

為後世學人說

有巢教民巢居，捕獵燧人，導民熟食，結繩近世軒轅造車冶釜，祝融作誦焚林，聖王賢宰，相繼迭興，規模制作，亦已畧備，何必更勞神思乎，黃老曰，未也，今欲求者，務有先天地開闢之仁，後天地制作之義，澤及斯民之遠，為功於天下後世者也，正談論間，直南忽起一道紫烝，沖上九霄之外，五老疑望此烝，縹緲不散，良久布一天霞光，瀰漫六合，黃老指之曰，此中必有大聖人出焉，吾等盍往訪之，亦精子曰，待道末到彼體察，果有道行之人，可偕之上山，毋煩親降塵俗也，黃老曰，道無先後，高者為尊。凡訪道叅玄，當恭執弟子禮，虛心平氣以求，若矜已傲物，謂人不若已。則

龍馬

儀範何由經於目，道音何由入於耳耶。四老稱善，起身皆行，下山至瀚海，履波將及中心，正看海中島嶼，忽起一陣濃霧，現出一頭龍驊高馬，狀類槖駝，脊旁有二肉翅，蹈水不溺，知是馴良牝驥，與海上神龍交姤而生，在波中追風躡霧而來，近前駐立。黃老曰：夫地鍾靈，生此瑞獸，今聖賢將作，此馬亦當應瑞而出。我向以參天兩地之機，陰陽消息之理，合成一圖，可將負之於背，他日呈於聖主，以洩天地之秘也。的袖中探出展開，稜稜八角，按方負上，宛似皮肉生成，龍馬即沒水而去。水精子曰：道末曾在山陰得見神龜，長廣如輪，性極靈異，舉念悉知，觀其腹背四肢皆含妙義已蓄之萬餘歲今道長南遊帶去以助龍馬可率四老欣然欲見水精子回首呼之二龜從水騰至見之皆呼爲靈物木公曰且留於此俟有用處招之二龜理會復回北去五老頃刻過海向南履實地至閻浮提從肥土入岐山太華由荆沅過雲夢二澤迤邐向東南來見一處山水奇秀爲南土首推有疊嶂九層崇嵓四面五老登石室之巔俯瞰山谷瀑布凡十數處一泉最勝自山頂衝入谷中密垂如水簾盤折廻流東出高峰之外五老歎曰此真山川秀拔處也遊覽之際復見紫炁自東逼起木公曰炁見不遠人在目前矣道末先往觀之衆皆曰善木公望炁尋

朮公亦為皮相

踪前至一山石壁峭絶激湍如雷古澗邊大嵓穴中有一人兀坐肩貫黃葉腰圍碧草合眼若有所思朮公喝曰垂老尚苦思何事耶其人猛開雙眼炯炯有光起身向朮公稽首曰焦苦思慮恐損精炁一任其自然耳朮公見其舉止安舒因問之曰髮為血餘爪為筋餘齒為骨餘充實於中者英華自發於外吾子既無所思而髮白形枯猶云善保精炁吾朮之信也其人曰童顏誠勝於老朽白髮自遜於烏頭然徹底觀之衰壯不過一身黑白原無二理何必以軀殼皮毛為論哉朮公點頭曰道翁所言迥出尋常去此東北高峰之上有四道友在翁可一往少談玄妙乎其

⊗青牛

入欣然曰困坐窮山如魚遊小溪鳥棲幽谷焉能入溟搏風既承相招願即隨往遂轉過嶺後牽一板角青牛爲坐騎木公曰牛步（不識貨）甚遲何如携手同行其人曰此牛生於地皇時不食生草惟朝飲清泉暮吸垂露故其性似慵而實徤其體似重而實輕雖日夜驅馳亦不倦也木公歎曰此真純土之精也我先往報言畢即聳身入雲其人上青牛望雲追之木公到峯頭備述未完青牛早到山下五老齊下峯頭見其道貌非常下牛稽首五老荅禮不迭正侍殷勤通問赤精子曰下方非談道之處同上絕頂可也其人曰此山峻絕道長輩何患弗登下愚恐未能及黃老曰修

萬法天師

玄中法師

堅固先生

真者，以道德功行為上。煆煉導引次之。若夫變幻飛騰斯
末技耳。其人笑曰，此即賴乎青牛矣。五老遜上青牛，向牛
角一拍，四足騰空，五老一齊飛上層崖，其人下牛拱立。五
老揖坐於松杉蔭下，水精問曰，頃聞木公所述，不勝欣羨
第不知道友生於何世，是何名氏，乞明言之。其人曰，愚老
生於天皇氏之初，頗知天然之理，凡人有疑事來問，便與
之講究分明，以我精詳有法，乃呼我為萬法天師。至地皇
時，又謂曰玄中法師，始得此牛，偕修深山。人皇氏中人見
我精神固密，形體常存，且首庶類而出，臨事復能先醒，遂
號為堅固先生，時皆草衣木食，性情澹泊，無物欲之蔽，有

精微之論

知覺者猶易修爲交有巢燧人之世人皆茹毛飲血復教以烹飪人之藏府得火食薰灼情欲易於滐蕩此身不免損虧因思精者神之本炁者神之用形者神之宅神太用則歇精太摇則竭炁太勞則絶是以形之生也以其有神也神之有托者以其有炁也如精絶則炁耗炁耗則神離神離則形死矣比之於薪薪盡則星火不居方之於厓厓潰則洪水不住故知義理易昧而難明性命難得而易失

或問子丑寅卯四會何太簡畧荅曰試觀胎養生浴時作何景象至辰巳受冠而臨事午會則王氣所鍾而萬機集矣

由祝融出廣壽。由廣壽見赤精。渡出五老復聚。發明大地衆生生育賦形之理。婉轉自如。從而帶起道祖。絕不費力。

未經函谷、先現須彌。不自東來、却從南起。紫炁根源自非五老所能識

前節五龍氏西召五丁。爲金木交併。此節龍馬生於瀚海。爲水火既濟。五老遇洪厓翁。恰是五炁朝元金丹大道明明指出。

兩儀還讓此老鍊化

○○東皇西母同開化　　○○白石金虹並遇師

乃自號曰洪厓以譬身心放逸此誠一得之鄙懷望高明以教正五老拍掌大聲曰精金良玉也具先天地之靈發明殆非三皇時人豈吾儕所限耶不在五行中遞相誇羿不已洪厓遜謝黃老曰然必重加磨琢則光愈揚而大成矣洪厓敬禮問道五老與之究論玄玄無上之旨及內丹外丹之理洪厓一經提醒頓地大悟赤精子曰丹旨既明須得鼎爐烹煅何不將須彌始鍊二儀之鼎相贈尤為神足黃老顧謂水精子曰敢煩一行水精子應聲躍上雲頭投北而去洪厓問曰傳聞須彌大地在天地之正中上應斗樞往返甚難黃

此處五老又不駕雲

老曰得道者極遊八荒如泥丸窮視元會如瞬息況於區區指掌乎言未畢水精子抱爐鼎下峰曰頃往須彌運鼎招二龜各駕其一我在後驅策並行至南土河洛之間二龜徘徊不前若有所感我即自取鼎爐任其所之二龜一居河之陽一居洛之陰（再伏）還是如何黃老曰其中大有因緣也因拱手向洪厓曰予有神圖寶章及諸變化之方秘之最久今贈之於子省却別尋門户洪厓拜領稱謝五老曰且俟道友丹成功滿再圖後會齊下山而別（今南康廬山有五老峯青牛谷香爐峯瀑布泉即此）洪厓復上峯取鼎放於午背跨上抱住回至故處因思修真原不擇地然得佳處猶妙取几杖等物疊

駕而起。洪厓故居在今南昌城西。東渡大湖一山濱湖而峙。景致清幽。頗自適意。取下牛背諸物。放牛於山之陽。逐事佈置停當。而後按方立鼎安爐。在山頂鑿一丹井。下通湖脉。謹依丹旨調度採覔藥物。煆錬溫養。火候已足。外丹與內丹並成。服下相合為一。自是真道既修。萬理洞達。常竦入雲霄。無翅而飛。常潛行江海。無鱗而沒。或駕龍馭鶴。上造天階。或隨心變化。下遊塵世。出入人間而莫之識。隱遁其身而莫之見。每遇清風皓月。靜夜良晨。想得道之趣。拍掌大歡。聲達四遠。今饒州餘干縣有洪厓山。在鄱陽湖濱。上有拍歡亭。丹井丹丘諸跡。洪厓自思已受其樂。願超度塵寰。救諸疾苦。凡有緣好善者。為之講明義理拯拔幽沉庶與天地有補從此洪厓惟以闡玄度人爲念五老既別洪厓信步而行木公曰久觀南土瑞氣靄然鍾毓必多欲於滄海方諸之山棲息且與碧海蒼靈相近可以不時眺望好道之民其頂必有祥雲清氣覆護便去導引歸元傳以至道金母曰男女皆有好道者願佐木公啟化以大其傳衆稱曰善木公金母辭別三真投東先行金母指謂木公曰此地山川舒展我欲廬此與方諸不遠常得會見木公曰從便金母遂居於此修道後爲舒廬二國地有王姥山卧居處種紫芝於別山一發千本葉多九莖又得一白鹿常自銜花來供木公至方諸以紫雲爲蓋青雲爲城靜養雲

九子
五女
東王公
西王母

㊂白石生
養生者
當知之

房之間廣種青芝於圃以玉屑壅布所產極多取以為餌
與金母二炁相授生九子五女漸收有緣男女錄為僊官
僊吏各有司屬於是衆尊木公號東王公亦云東王父尊
金母號西王母二真已得人應奉道業興隆（安頓）黃老與赤精
水精遊邐北行至中土見一人容如四十許白面朱唇修
髯昂體黃老曰此人器宇不凡必是吾道中人因問其是
何姓氏有何所得而頤養若此其人答禮曰過承下問勿
嫌煩絮東有黃石白石二山（二山在下邳）居傍白石人多呼我
為白石生自知飢飽勞逸俱損精神故未飢先食未飽先
上未暢先休未倦先息未嘗斷絕嗜欲採陰以補陽使內

白石生如夜郎自大未識天朝

外通泰因而冬不畏寒暑不憎熱而得永歲黃老問其壽幾何白石生足高氣揚曰吉夷氏誕生以來千有餘歲幸而容顏不少衰行可勝人常遊此山之中以自取樂赤精子問是山何名白石生曰此爲王屋山盡徃山巔劇談野老引道（按王屋山在懷慶濟源）三真相隨而上見山狀如蓋峯頂有古松數百白石生揹松而歎曰初植時猶摩其頂而今凌霄插漢矣赤精子見白石生自足其志意氣洋洋按不住問曰請問吉夷氏之前更有統氏否白石生曰曾記老人相傳說有五龍三皇等氏最上有盤古爲首君然皆不可考已赤精子笑曰但云盤古立極豈知吾等化鍊白石生

此是玄學要旨
朱明公者
守玄道人
中黃丈人
救世之良言

愕然曰若是吾師生何氏世稱何名號黃老曰性不役動則神定神定則炁定炁定則精定三者既定朱明不升併會於下丹田是謂三華聚鼎此位故號曰朱明公者拱手向水精曰大乙之精真玄之靈若人知守方可朝真此之謂守玄道人赤水二老曰通理五炁混合百宗正位居體允執厥中故我道長號爲中黃丈人吾等各居自主之位不依形而立惟體道而生無少求於三才猶爲未足而日孳孳（數切）訪道今吾于真道無聞大丹未識逕自以爲是誠恐精神漸減頓成白骨斯時欲修其可得乎白石生竦然下跪曰弟子向混塵俗未聞大道得聆尊誨深痛前非萬望

喚醒愚迷

吾師明教赤水二老曰我二人淺近須求此位丈人白石生即轉身拜求黃老扶起告之曰天地之炁絪縕其間人得之而爲人物得之而爲物人物受炁之清者心不染事則爲出世心畏事染則爲逃世出世逃世者漸入真道既入真道名爲得道得道者等類非一吾子欲證何品當直言之白石生曰高真之質未具已不望造其域只求畧知玄理使此身永留人世足矣黃老曰嗟乎大道由近以及遠豈皆頓超無上惜子夙有根原若能苦志操持不特長住人寰便可飛昇霄漢子何自棄若斯白石生曰既蒙教誨乞授大丹之旨超拔沉溺弟子即以斯道轉度後人也

警策

黃老曰成已成物是修真功行遂語以調息和觀丹成服食之方白石生曰鍊成大丹服之可能長生乎黃老曰已非上德必假外丹與內丹合修方可身中精炁神三者是內丹上藥明七返九還之要使鍊精化炁鍊炁化神以至鍊神合道則內外俱成朝元歸真奚難哉白石生忻受其旨乃問吾師住跡何山後曰可以拜見黃老曰靈應不離方寸訪尋只在須彌白石生曰師將何適願追陪左右黃老曰俟子金丹就時方許從遊也吾將出清虛入幽冥歷覽名山畧觀海嶠可於後月再圓之夜重會此山白石生稽首領命黃老顧水精曰道兄因緣在西北區可去辦事

微言

歸山再聚水精先自別去黃老與赤精白石亦下山投東而行見一山高出衆峯之上黃老指曰山峰靈秀姑登眺之白石生欲隨上黃老曰後會有月子可自回白石生遵命拜辭而去黃老赤精由南而上歷東西轉至絕頂凡十八盤曲峰頭有六二老步至極峰流覽勝概觀其峪嶺各二洞池各三黃老曰余遊南土以來未見此山之特異也其中必有真靈棲止正談論間見山坳裏忽起一股青烟上透天際復有碧霞覆蓋漸逼峰頭現出一人上山見二老恭敬施禮曰吾師下降荒山惟願教誨愚濁黃老曰脩者少憩幸逢高雅且問修真幾時矣此人遜坐侈談曰昔

胥勃氏 玄英氏 金輪王 少海氏 彌輪山女 金蟬氏 金虹氏 崇覃 驀坐 晨蓴 惲驀 水一君女 五子 玉女

盤古終世有子曰赫天誠樸無爲不能繼治時有三皇代出赫天乃入居此山世代相傳故其山曰岱宗泰山赫天生子曰胥勃氏胥勃子曰玄英氏玄英子曰金輪王金輪之第曰少海氏少海妻彌輪山女彌輪夢吞二日覺而有娠五歲連生二子長曰金蟬氏次曰金虹氏即吾也爲盤古五世孫兄金蟬生子四人長崇覃出修於南之衡山次驀坐出修於西之華山次晨蓴北修於醫無慮山兄金蟬以少子惲驀年幼乃與之入中土嵩山同修獨留我在此守山得水一君之女爲偶生五子一女女曰玉女自修於蓮花峰頂常浴手於山下池中今名玉女池知運炁存神之道五子亦皆

能斬邪縛魅遺跡飛身人民爲吾多歷古來歲月稱爲古歲共皆崇仰遂以歲爲姓以崇爲名先是有一老人自稱（出元始有因）元始天王常至山間或於峯頂講道傳授心法故吾先弟子姪頗知玄理我嘗問元始以太古之事有如親目問其居止以手上指有彩雲擁護其身曰欲來尋我須向此處飛入重霄而去因想蒼蒼寥落敎我何能得會頃見二師降臨滿山和氣融融認是元始復至故上山拜見敢問二師何氏黃老先告其名號復浩歎曰此山南洲神嶽之宗天地鍾靈之府乃有異人來集赤精子曰上天既有元始老人不可不會黃老曰就是超八極逾二曜縱遊一回可（引入上界）

(玄玄惟於史中二見一見於中一見於表)

也古歲見將別去拜留少談微妙二老與講玄中奧理古歲載拜領受二老步至峯頂化陣清烝不見(今丈人峯即其圻立飛昇處也)二老在雲端曰欲知元始根由須達兩儀外去乃聳身一躍已透此寰不在三界中矣更扶搖直上已在無無有有之鄉杳杳冥冥之境　老凝神定性恍見廓落光明虛靈湛寂正欲尋玄玄上人而上人已立於前矣二老稽首稱念化育洪恩欲報無由上人曰惟於寰中普行吾道即(真實話)是報本處也子等欲知元始之事我爲子言之盤古治世功成蛻去軀殼一靈不昧遊行空中因念遊魂無賴必須再憑父母精炁成形方不失本來面目如不從胞胎蘊育

太元聖母

終是清虛之炁如何而可偶隨風飄至弗于逮見一聖女曰太无四十餘歲抱守童真獨自在嵯峨山中飡霞伏炁保液養神更可自爲牝牡顛倒陰陽每日到峯頭採取日月精華盤古喜其貞潔乘其仰天呼吸之際化清光投入其口懷孕十二年始化生於脊膂之間即能言語行動常有彩雲護體元始修持百歲有瑞氣熏達我乃重入二儀授其赤丹金精石景水母玉胞之法既又授以太霄五品無極玄真之道別去又經百歲大道遂成其願洪深必欲以斯道覺世因見世人愚濁非一人所能普化先尋有根器者爲道化必是生前能爲民設教者死後自有靈爽以

已前身是盤古乃號曰元始開三皇御世澹泊無爲便含清淨之旨三才首判已具上知之資若求贊助庶幾可成△洪願乃雲遊而南首遇泰壹皇人於峨眉即傳以三一真道再遇皇覃於太白授以二景靈符△歷衡山之野雲陽道人求其玄理經具茨之墟黃蓋童子叩其丹元挚廣壽老人作伴教伐宗孫子成真命五龍氏分司五方令黃神氏求守中土既至熊耳之山有一人在坡邊採藥見其神清烝爽與元始前問之其人大呼曰我師果至即拜於道左元始問其故其人云弟子是天皇氏天靈同母弟棲神於此賴得金母來遊教以吸烝鍊神參真悟道嘗云當有高人

指引令吾師道貌非凡金母之言驗矣元始告以道號及爲前因來尋爾等同歸真境未知地人二氏何在天皇曰聞人皇乃北洲周御國王之子其母摩利支天有大神通遊行三界之中救濟衆生之苦一胚胎生此九皇分治南洲其後真靈歸傍天母但地皇去世泯然無聞惟塚在岷隴之間於是同往西南尋見大塚元始向塚隙以真炁吹之假使朽骨得此即能回陽返本見塚傍忽啟一門一姥率太子出問天皇告其來故姥曰長男爲道母招去此時將回也少頃空中雲彩紛紜儀仗簇擁一人端坐輦上有七豕御之而行觀其威光赫奕妙相圓明后土躬身趨迎

句後呼地鏗出拜元始道母亦下輦相見彼此剖露乃知道母即摩利支天道母亦知元始是無極真王遂執弟子禮元始曰吾等在塵寰中恐多腥穢可到高上之境方覺清虛羣真稽首稱善淮后土元君自量道力未充願與次子十人且守地維中宮靜養元始即與羣真同上玉虛天界尊道母爲先天道后居一炁梵天斗樞宮中衆星四面旋繞皆隨斗樞轉度周御國王亦同安督其間太皇爲天真皇人居紫霄鈞天之土爲紫微元辰萬象之主不因至聖分明說安識高真徼妙宮

道祖根源本於五行未判然欲現身說法故不免與五

行周旋。借之以顯大道耳。
山頂丹井下通湖脉妙有玄機然此可為知者道。
金精木液丹道源頭故開化必自木公金母學者會此
當弗求真於遠
白石生自足其志硜硜然小石也而三老覺之真是碩
石點頭。
彌輪夢二日而生金蟬金虹。一爲岱宗之主。一爲西域
之師固宜有此非常之兆。

○○○○○○
上元
中元
下元

○○○弟子速再成聖果　○○○玉清宮剖析根源

地皇端拱紫微清都之垣、爲玄元后聖、循行黃道、人皇掌北斗九星、爲玉真偃靈、拱向斗母而居、元始復飛身到太虛極處、取始陽九炁在九土洞陰、取清虛七炁、更於洞陰風澤中取晨浩五炁、總吸入口中。與三焦合於一處、三焦者、人身上中下之炁也、分之爲十二、合之爲三焦、焦者、元也、約而言之、一元之炁而已矣、九九之期、覺其中融會貫通、結成靈胎聖體、正當春一月月望之宵、原從口中吐出嬰孩、相好光明、又於秋一月望日、冬一月望夜、復吐出二子、是爲上中下三元、皆長爲鼎鼎藏丈夫、元始語以玄微至道、悉能通徹、元始常到碧落之外、羨此虛無真

第五節　一

亦為世人辨疑

境、願居以安神、我爲其失心、普濟、調度多方、若駐足人間
終是塵氛涸擾、若留形天表、不能作則於皇人、故我再入
兩儀在十二重天之中、創成一宮、名曰玉清紫雲之閣、碧
霞爲城、爲元始所居、元始又立幾處金闕玉樓瓊房琳殿、
以舍列聖羣真、此元始天王之大概也、赤精子靜聽至此、
微笑曰、嘗聞天之爲體、是一團清炁、烏能起建居處、況行
雲無定、從何處排椿立柱耶、上人曰、子猶未詳其理、更爲
爾明之、夫天體○雖曰輕清、豈輕清之上、輕清無已乎○蓋其
極處反堅實而有質、地體雖重濁而重濁之外、轉爲輕清
無質○所謂天包乎地也、故地雖職載○天亦無物不具○止有

銀漢之河。下通星宿之海。走霰流星、殞地旋成砂石、重樓複道、在天、更覺精良。凡人力所不能藉天工而先發。如卵之中黃堅實。不如外殼。人身之靈巧聰明。元在六陽。試想二儀之外。亦何根止、皆懸於空、空爾我立於何所。惟清炁之體、可造虛無。而真實者愈為真實也。二老因乞挈遊天界、上人曰。天王常向余討論本末語、及五老功德。天王即欲造訪、余告以會遇有期、今既至此、徃見極易、不必引導也、二老便欲辭去、上人同至兩儀中外交關處、伸手向百千萬重氤氳、至真清炁中、握一把、以口吹之、化一柄碧玉瑶光。頭如芝雲。長於股臂。遞贈黃老曰。執此可以凝神遂志名曰如意能成就（伏筆）一大因緣謹記毋忽黃老拜受高擎臨行上人又曰此處最難出入不到無上地位雖十倍金剛固而難破也二老稽首告別赤精謂黃老曰來時太疾不見景致今須緩行遠望喬雲繚繞瑞靄繽紛擁護一所在現出樓頭殿角一路綠瓊貼地紫寶填階欄楯皆白玉鏤成殿陛盡黃金鋪就二老觀玩不已元始天王正於玉清宮與高真談講道德猛聽劃然一響光耀滿宮元始與衆真出宮仰望訝曰此必有高上之真出入其間然是從內而出非由外而入者少頃復震一聲天頂如眼大開有兩縷金光從中射下元始定睛視之二人步雲而至元始

趨迎曰上真請留憩少談何如二人步入宮來天王與羣真鞏拳恭進敘禮坐定二人啟問曰道友即玉清宮之天王耶无始曰然因問宇宙空同時先有五老體合五行之用妙運玄功發育萬物每欲訪之不得今觀道貌太古得非五老輩歟黃老曰予即中黃子此是赤精道友為在泰岱遇見華裔始聞天王大德復到兩儀外尋問玄玄上人得詳始末敬慕真風是以來晤耳元始大悅命侍從設供陳列玄霜玉露雲膏雪膾二老隨意取食飲過幾盃天香霞爛之漿玉女散花起舞珍禽引領和鳴賞玩無盡少頃停歌罷舞黃老曰天王久處上宮熟知其義向日兩儀始

代後人
啟問耳

判之源願聞其畧元始退讓良久而言曰所云清濁浮沉而爲天地理固然也然天體包圍于地之外重裹如卵之縠膜白黃而人附生於地以爲天上地下實未知所居者是地而周圍者皆天也地體重而畧下故天自然有十二重在上如覆其下載及四極地中自然亦有九重所稱地有十八重者蓋并天之下九重而言也先以地原之最上之一重地之秀氣所鍾堅凝而爲石屹立山頂是爲峯巒第二曰丘陵土高爲丘大阜爲陵第三曰槁壤西北風高土燥沙舞木凋四曰卑濕東南地卑水濕形極汙下五曰川澤凡巨川大澤必下地一層以隄爲孟注也六曰流沙

地底有沙流動隨水去來者七曰黃泉土本黃色之爲土制其色亦黃而濁純陰之泉也八曰沉淵深邃叵測神龍潛焉其源與太空相通九曰薄澂如霧如漚如瀆相薄于虛無矣其下九重純是一派清炁上達天之九重所謂靜極動生陰盡陽復也試更言天之十二重自下數起第一重曰太虛天下附于地一望茫然第二曰施化天風雨雷電雲霧霜雪經行降結其間三曰月輪天日月皆循天左行而右旋月行較疾一日常遠日十三倍有奇乃君逸臣勞之理月臣也陰精積水故外瑩而半明半魄明則與日相向魄則背之向背從遠近而增損於是有上弦下弦又

照映借光之理未確

曰水精天四曰遊道天日月巡行有四遊九道春倚東爲青道夏倚南爲朱道秋倚西爲白道冬倚北爲黑道青道二朱道二白道二黑道二赤道一季夏所倚也惟春分秋分日月同道故交食多四方對照皆爲黃道五曰陽明天日月本東行天體則左旋天行最健牽引以走不得不西也日雖善行每不及天一度日者君也陽精積火故內郎而通體皆明陰不勝陽晝則月不能並明夜則常以遠近漸轉魄向而避日輪於地球相等故普照八荒又曰火星天六曰列宿天萬物之精上爲星象星之爲言精也陽之榮也皆依二十八宿所屬七曰斗樞天衆星列宿浮生虛

空橫絡天腹、其行其止、皆須烝焉。中有斗樞、其四星爲魁、三星爲杓、杓之初爲斗樞、柄之末爲瑤光、斗柄所指爲建、其紐星天之樞也、端居不動、列宿隨樞而轉、如車轂之旋運。故又曰宗動天、諸天宗之而動也。八曰不動天、天與日月行動、皆有常度、不疾不徐、晝夜循環、分爲四時、皆隨斗柄廻旋。至此一重、如斗樞不動、凝靜完固、又曰常靜天、所謂虛極而轉實也。已上步履皆如平地矣、九曰穹窿天、其重如地之所分九野、各定界限、以氣象形色而名、正東曰青天、東南曰蒼天、正南曰陽天、西南曰朱天、正西曰昊天、西北曰幽天、正北曰玄天、東北曰昊天、正中曰鈞天、又曰黃天第十重即今所履之處也分爲三垣中央爲紫微垣上臨勾陳帝座下應斗中紐星此玉清宮在太微垣內居紫微垣後前曰天市垣爲帝座天庭周天如烈蹶摩空因號蹶摩天更上一重光明廓落湛然常寂已下十天坦蕩如夷唯此天頂如垗圜殼率是謂垗率之天最上曰大羅天出遊天表只隔一圍下塵凡懸絕十二晃朗無邊森羅萬象者也諸天寥廓浩蕩雖有司屬統治尚少紀律法度道未性躭清淨澹泊虛無不能總理萬機包含變化須得至靈主聖之資正治其中庶有矜式也黃老曰聞子之說始知其實但吾等性情與子相同若靜養怡神深合予懷

可見人天無間夫道不在虛無

調御作爲非所能也今之下山原罙尋一位上其下以澤及廣土衆民功播上天下地者前所遇幾人皆非天人君主故欲訪於高上清虛之境元始曰人道有形可造虛無杳渺難宗未若同到下方留心察視賢王聖母之中或尋得宣威三界統御萬靈之主然後再選積德累仁有根器者爲輔佐方成三界之政事也二老俱以爲然即同元始別羣真起身每到一處元始必指析名義講論之際早過燄摩天至穹窿天際回看三垣中之紫宸金闕隱隱在五雲深處一徑從鈞天直下將入不動天碧落狂風撲面裹足青霄赤精子笑曰此風覺得大勁更是凉氣逼人剖得

至言

莊語半日，此處不妨活動一句。

爽快，炎天來此乘京甚好。元始曰：此名罡風，愈高愈勁，漸
遠漸舒，如道行淺薄，至此吹為灰燼。有頃，罡風漸緩，舉頭
仰望，渺渺一塊青烝，浩無抵止，低頭試看日月星斗，皆在
足下，惟有斗樞旋轉不休，一步步如履軟茵。忽悲風習習，
慘霧沉沉。元始曰：此即列宿天之水域也，名曰天元雲漢，
其本為水，乃金石之精氣，一名天河、天潢，一名銀河、銀漢，
環抱紫微垣上，覆幕帝庭，東起於鬼，西沒於尾，尾閭者，海
水之所洩也。中有星好濕，當其旺相時，能攝濕而上，薄而
清者，則為霧、為露；厚而濃者，既不能升，又不能降，因而成
霧，遇寒則凝為濕，雲氣無發洩，散在溫域，隨時而雨，稍上

而寒即變成雪若再上直至寒極則爲雹矣赤精子曰吾聞水氣易動善流河漢何以長駐黃老曰此非五行之水所同乃元炁之真水故能凝結所謂天地生於水而成於水也言論之間又覺熱氣薰蒸赤精子曰嚴寒時到此散步不須向火曝日矣元始曰太陽之精結就真火如地發燥氣掣動於空搖撼其域便生火光上映天際閃爍激疾則爲電與雷俱下則能焚物濕雲外圍燥氣內攻或未裂或既裂皆成雷聲若其聲既裂聲大震厲下衝於地便爲霹靂蓋火性本上逆之而下常致橫行斜擊此皆自然之理勢也三真且行且談氣象忽復昏蒙元始曰此氣域也

月下有火火下是氣氣有三域上而近火者爲熱域直上近日者陽光所射爲煖域熱煖之間堅陰凝之爲寒域霜雪之類生焉到施行天兩儀之氣噫則成風嘘則成雲鼓之而雷震湧之而地震爍光則有雷暎光則有虹圍光而爲暈透光而爲霓也又行片刻恍然清朗開暢舉目見大海汪洋周圍涵浸一望無痕元始曰若從陽天而下是南洲地面此處地僻人稠或向多中探索可得奇人也黃老曰此中大難別尋還可顧謂赤精子曰王屋之約月將圓矣道兄爲我一行赤精子曰然投南逕下黃老與元始隨風送入正東青天撥開雲霧向東海靈墟過弱水三千至

蓬萊之境中有六神山一曰岱輿為六山宗長動轉如輪輿二曰員嶠其形員平而高銳若粱三曰方壺其形方正而環抱若壺四曰瀛洲當大海之中草木禽獸比別山繁殖一名還洲十洲之一也五曰方丈中多嵓洞玲瓏明達皆可坐臥六曰流波在五山之隈不甚高大為流波所激六山總名曰蓬丘以其如蓬萊之草隨風而轉下無根蔕又曰蓬萊徧處皆有宮室以金玉為飾鳥獸盡白望之如雪其間雖有修真養性仰觀俛察之流不過保守元神獨善其身而已皆非有宏願當大任者黃老曰以此觀之東方人物亦可知矣乃復過神洲之北至昊天界有國名光

淨德時王
寶月光王后

嚴妙樂其國主曰淨德時王與寶月光王后惟以仁慈惻隱加之國人躬行五十歲未嘗少懈直使民安物阜災害不興但以老年無子爲不足二眞一入其疆即知其誠心向道勇猛修持黃老曰因緣在是與元始曰若以清虛至眞之炁投諸聖德仁厚之身托孕成胎必生神明之子定爲三才之主上眞以爲何如眞老點頭隨意指揮即得五采乘輿九龍駕馭擁不景旌蔭明霞蓋招元始同登翠座自然寶椅環爲憑軾有清淨之儔三三十對皆具金姿玉質或持幢節前導或捧香花傍車儀仗莊嚴制作畢脩皆天然亦是先天之物先有後人因以爲法耳黃老復將碧玉瑤光如意吹

弗於逮不可及也流星園留心原也

口真炁原是天外霻寶遂變一嬰孩身諸毛孔中放大毫光照滿十方世界爾時淨德時王在寢室中忽見祥光照耀宮殿作百寶色有許多儀仗護一九龍輦浮空而來中坐二異人皆旂洪象上首高真抱一小兒面圓耳大目秀眉清遍體毫光罩定國王王后心生歡喜恭敬接禮長跪道前真是德修恒河沙位證天人帝

元者本也始者初也先天之炁也此炁化爲開闢世界之人即爲盤古化爲主持天界之祖即爲元始弗於逮一轉與太上流星園顯化相類

昔人有問天體輕清而輕清之外爲何物惜其未讀仙

史也然非赤精一問則無人剖析雖欲聞之亦無從矣
勿議史家之慣說天話也呵呵
赤精發言率易乃火性本然而口吻甚趣應為滑稽之
祖若疑上真為世俗談定是不識赤精子者
管仲父曰道之在天者日也其位至尊其行至信萬物
不能抗衡雖大陰亦不敢與敵體其轉側避陽之理如
是猶臣工豈能對君之禮乎故易卦貴陽而賤陰聖人
抑陰而扶陽也

太朴

○○○如意托胎生帝子　○○○天書成帙洩玄機

上白二眞曰下愚無嗣願乞此孩爲子伏惟哀懇聽許黃
考曰願送與汝爲孚但此子根器不凡必證無極高上之
品汝善爲我育之國王上前拜領二眞從寶椅中托出遞
與國王雙手來接重如山嶽挣一身大汗恍然而覺乃急
召王后言之所見相同是後國王精神倍長三歲後與王
后誕生一位聖明王子後爲乾坤眞主二眞妝法相駕雲
北行元始曰有君必有相上眞已植君主之本道末嘗擇
王佐之材有一小友乃三皇時人因其好道常教誨之最
肯虛以聽之初名太始謂與吾號同音改曰太朴今在朧

山修煉乞上眞俯降一會黃老摻雲徃南洲隴山踏地觀
看其坂九廻人民欲上者經七可乃至黃老歌曰
隴頭流洌鳴聲幽咽龍川如雪逝者其迭
始亦歌曰
嗟爾太朴道源可覺如有疑邈於何問學
歌未竟有人在山後作歌而出曰
念彼天王在天一方一經指詳永久不忘
向元始叅拜元始曰且先見上眞其人向黃老下拜元始
曰此即太朴子也昔遇我於北海之濵見其賦性虛靈欲
偕之上昇柰因功行未充姑留塵世黃老曰觀其儀表甚

相芝 玉晨大法師 玄女

當宰輔之任元始謂之曰玄天界中祥靄葱鬱將有真主出矣吾子當應運而興務期勵精修治利物濟人因緣啓迺自爲玉虛上相也太朴稽首謝教復進言曰西方有一道人號曰桓芝居上清中品後曰蘂珠宮又曰上清太衛真人道德淵微法力無量專以教化爲事都稱爲玉晨大法師一作玉宸中皇時中條玄女首受玉笈靈文後有峨眉鎮元子習其丹書寶篆凡遇有緣好學請問疑難者不吝訓誨曾降荒山高談至理有三十六變七十二化人欲見之隨感而應千萬處可分身皆到如此神異亦爲希有二真轉念得與一會甚善忽見西南起一朵絳雲電飛而至現一位

道者太朴迎之曰法師至矣二眞未及啟口玉晨曰上眞天王勞待久矣恕道末不恭二眞訝其靈通皆稽首起敬坐定元始曰聞道兄法術高妙不憚誨人固爲至願但其中有正有邪豈能預測苟借爲亂階何以禦之玉晨曰擇人而授近於固執我惟廣大法門黃老曰道友百八大法還是親身探索或從高上秘傳耶玉晨曰道末生於天皇前靜夜獨上天封大胡山仰觀俯察知造化中有大道光自飡霞吸露採煉精神久之可以遐舉役召鬼神細審々甲五行能生尅制化隨心運用以六六之數曰天罡罡剛也以八九之數曰地煞煞殺也彙成三帙總名天書探芨

中玉函、出書三卷、金簡丹書、雲文雷篆、每條下分註神符靈咒作用之道、上卷天罡三十六法

斡旋造化　顛倒陰陽　移星換斗　迴天返日
喚雨呼風　振山撼地　駕霧騰雲　劃江成陸
縱地金光　翻江攪海　指地成鋼　五行大遁
六甲奇門　逆知未來　鞭山移石　起死回生
飛身托跡　九息服炁　導出元陽　降龍伏虎
補天浴日　推山填海　指石成金　正立無影
胎化易形　大小如意　花開頃刻　遊神御氣
隔垣洞見　迴風返火　掌握五雷　潛淵縮地

飛砂走石　挾山超海　撒豆成兵　釘頭七箭

中下二卷地煞七十二術。

通幽　驅神　擔山　禁水　借風　佈霧　祈晴
禱雨　坐火　入水　掩日　御風　煮石　吐焰
吞刀　壺天　神行　覆水　杖解　分身　隱形
續頭　定身　斬妖　請仙　追魂　攝魄　招雲
取月　搬運　嫁夢　支離　寄杖　斷流　禳災
解厄　黃白　劍術　射覆　土行　星數　布陣
假形　噴化　指化　屍解　移景　招來　遂去
聚獸　調禽　炁禁　大力　透石　生光　障眼

法能廣傳亦平平無奇惟其始傳終秘故偶得者矜爲技以致病何見不及此而觀之

導引　服食　開壁　躍齒　萌頭　登抄　喝水
卧雪　暴日　弄丸　符水　醫藥　知時　識地
辟穀　魘禱

黃老曰道法雖妙恐流傳日久一爲姦僉者得之則侮世秧民至此欲懲其非不無多事玉晨竦然曰立法本欲引人入道如上眞言反是導人入邪矣追悔無地但傳授頗多貽害後世奈何无始曰速當嚴飭高徒輩不可妄傳一人匪類異類尤宜愼諱玉晨曰百八小法幸有破制地煞破之甚易天罡制之畧難今當嚴諭小徒謝絶學者秘而弗傳矣嘗至天界未能遍歷妙境天王若肯是携得遊諸

文一大起伏

華胥氏

諸英

矣。不勝欣幸。黃老曰，吾亦久離荒山，將歸靜養，暫爾分手，後晤正未艾也。起身作別，駕雲望須彌而去。元始謂太朴曰，子姑徐待，功夫一足，正其時也。玉晨復叮嚀教誡，太朴稽首聽受。元始同玉晨乘彩雲而起，逍遙妙有之境。太朴自此廣施功行，到開皇劫初始，得應運興起，生九月九日（於辰月二十日）。

飛昇

水精子自別二老洪厓，北至幽地，若有所感，旋轉腳跟，向南望曰，原有此因緣，運化一股長虹，飛入華胥之渚。虹者坎也，純陽坎陰氣之意，乃不當交而交，天地之淫氣也。時華胥在華山之右，胥相也，爲華之相，其渚後曰雷澤。有一君，即以華胥爲氏，主治北方，有女曰諸英，靈心好潔，二十四歲，是童眞之身，一日雨後初霽，獨自出遊郊外，見

◎◎伏戲
△女媧
抱媧
女希

小淵旁有巨人跡長如泗轍因想有此巨跡必有是人忽覺意有所動將雙足履入跡中低首躊躇水精子前於此掬飲時踐成者諸英此念一萌感動水精便乘日與雨交之時化爲螮蝀之形蝸身蛇首兩角雙文飛來將諸英蟠繞一時神氣交孚祥光四注良久長虹飛去諸英恍惚若夢尋路自歸因而始娠懷十六月復西遊於戊紀今鞏昌秦州生下一[illegible]才圓目戴角如牛性善蹲踞取名伏戲又三月復生一女頭長肉角環身如蝸乃名女媧一名抱媧又曰女希諸英遂依叢木架巢而棲復華胥之君即世諸英母子就居成紀越一十四歲伏戲胸多神智得乎中央別

太昊

而能全宿而有成終朝觀察天地萬物之理遂與民設教講究甚悉衆人見其象日月之明稱為太昊時祝融氏去世人民無主皆願立以為君太昊推遜不得因取法五行更相生王之義木榮於春先得生物盛德乃以木德繼天

風方牙

而王木實麗東因其動則風生以風為姓名方牙又曰蒼牙又曰蒼精

蒼牙

蒼精

太昊見風雨順時人民安泰知空中有神明主宰呵護當設祭祀之禮奉饗師蜘蛛之結網一云法離而作而始作網罟以佃以漁獵禽獸曰畋捕魚鱉曰漁贍足民用為其能馴制犧牲故又

虙犧

曰虙犧氏是時人民雖經燧人格化終是卧則呿呿起則吁吁飢則求食飽則棄餘虙犧復教人畜牧六畜馬猪羊犬豕雞

庖犧

伏羲

◎◎倉頡

◎昊英

回昆吾

以爲犧牲、祭享上下神祇、祈求福庇、且可充庖厨烹調以五味、辛甘苦酸鹹更是充腸適口、故又曰庖犧氏通作伏羲伏羲辭母妹東至陳倉、人民見之、即請留於此、伏羲以陳倉偏於一隅、賢才不集、政教難於遍及、復至殽阪、今長安得倉頡相從、在河西太汾之間、昊英昆吾來歸、率衆至孟河之津、猛見波濤拍岸、烟霧漫空、水中躍出一神獸、馬身而龍甲、高八尺五寸、類駱有翼、足有垂毛、背負一物、伏羲心知神異、乃黙告神明曰、果有利於世者、當近以示我、祝畢、獸即登岸立定、伏羲近視之、所負方幅一圖、爲點五十有五、皆含陰陽妙理、歎曰。此兩儀未洩之秘也、取玩不已、那龍馬忽起

中央氏　共工氏　栗陸氏　葛天氏　大庭氏

兆三畫著八卦逆陰陽之微順

旋風望北而去、伏羲既得河圖之後、隨至孟門太行井徑等處、得中央共工栗陸三氏歸附、復轉東至鉅鹿海隅、葛天大庭二氏向風來迎、乃於方輿之地、先築觀魚臺於水旁、觀巨魚游泳之狀、伏羲步上一山、形如飛凫百鳥翔集、名曰凫山、坐於山隈石上、輾玩圖中之義、一六居下、二七居上、三八居左、四九居右、五十居中、依數測之、得天一地二、天三地四、天五地六、天七地八、天九地十、天數五地數五、五位相得而各有合、天數二十有五、地數三十、凡天地之數、五十有五也、於是畫一爲奇以象陽、並二畫爲偶以象陰、又於一陽之中、分爲太陽少陰、一陰之中、配以少陽

情之
瑕而君
臣家國
之事始
明、

老陰復以奇耦二畫重而二之、取象爲卦、三連爲乾、天體
也、六斷爲坤、陰象也、離火中虛而四明、坎水旁流而內潤
根堅枝柔、震之所以爲木、石載土上、艮之所以爲山、巽風
陽氣始發、主陰之谷、兌澤寒潭、常伏惡毒之龍、復編次序
方位、乾一、兌二、離三、震四、巽五、坎六、艮七、坤八、其位以天
上地下、日東月西、山鎮西北、澤注東南、雷震東北、風起西
南、皆合造化自然之迹、八卦既畫、可以幽贊神明、八衢未
通、難以廣施敎化、伏羲因南遊宛丘之道、見其地四高中
下、丘形似盌、故後世以盛物者爲碗、爲九區之咽喉、中夏之闉域、乃欲建
都市於此、總會臣民、遂草創茅棚、旁以荊棘編插以爲屏

曰栢皇氏藩、名陳都、今河南陳州有太昊之墟更得栢皇氏赫胥氏陰康氏共來
曰赫胥氏為佐、間有弜暴之民、謗眤不直、伏羲乃造干戈以餙武、干楯
曰陰康氏戈戟勉示以威也、常思結繩之政不能垂於永久、乃削荻蘸
煤、畫板作字、為同文、有龍馬河圖之瑞、名景龍書、一書九
曲、後謂之九龍篆民嫌其繁而難學、伏羲委曲教導、頡悟者稍能
記憶、時有臣倉頡、姓侯岡名頡、陳倉人、故曰倉頡、生而龍顏侈哆、
四目雷光、實有睿德、幼善畫、及長遠師黄神氏、得授鍊精
養液之道、能觀三才之文、上天作命、使為百王憲、嘗登臨
玄扈水濱、陽虛之山、今商州之洛南縣界、一名陽峪見洛汭水北曰汭、隈曲為汭有
靈龜一應一頭、丹甲綠文、縱橫理數、倉頡跽而揣摩其文理、又

見羣鳥踐跡沙地，形勢錯綜，似有情緒，乃依龜文鳥跡，一畫一豎一點一圈，撇捺鉤挑，配聚而成字體，以此記事，可以傳之遠方，垂之後世，陳說其義。於伏羲之前，命築臺於河上，制造文字。今開封城北有造字臺，上有丹書二十八字在焉。倉頡遂窮天地之變，仰觀奎星圓曲之勢，俯察龜文鳥羽山川掌指，而剏字，制六書之體：一曰象形，如日月之類，象其形體而為之也；二曰假借，如令長之類，一字兩用也；三曰指事，謂上下之類，人在一上為上，人在一下為下，各指其事而言也；四曰會意，謂武信之類，止戈為武，人言為信，會合其意也；五曰轉注，謂考老之類，左右相轉以為言也；六曰諧聲，謂江

後世弊飲者當

河之類皆以水爲偏旁以工可聲諧也使天下義理必歸文字無窮文字必歸六書以竹削爲方策火薰出汗謂之殺青復以木枝蘸烟煤書之始成字迹畫文像蝦蟆子形如水蟲故名科斗爲字之祖依類象形謂之文形聲相益謂之字著於竹策謂之書凡人既死軀殼雖離魂魄不散稟厲氣而神幽燕爲鬼徃徃現形作祟侮弄世人今有此文字恐人致書布告神明以干譴責隱隱聞鬼夜哭不敢白晝出現矣川澤中蛟龍異物常騰舞欺人爲有此文字懼人作篆召役從茲潛伏於是上天以人間有此大寶乃爲之雨粟以遂其生人民不識斯物見徧野生芽起苗秀花結實摘來剝脫其殼和

知倉頡之德

史倉

朱襄氏

水煑食其味甘美而香因留其種播之於地經歲萌芽長大結實如初但所産無多止療一時之飢伏羲聞有如是瑞應呼頡爲史倉文字成而記注脩升封介丘以昭於異世而文治興焉命朱襄氏削竹簡刻木版書六體之字於其上是爲書契朱襄造成時升發數教之臺照式抄録傳告四方使皆識字以代紒繩由是百官之政治萬民之事察伏羲又命昊英迎日推策相斗罡考甲子以命歲時干支配數以綱維四象作旋蓋著躔舍而天運協審地勢立九部而民事理於是紀陽氣之初以爲律起黃鍾以驗符分正爻以配氣置重爻以當日作甲曆之次歲建甲寅日

臨庚辰陰陽相間共成六十而天道周矣歲以是紀而序不亂月以是紀而時不易晝夜以是紀而人知度四方以是紀而位不惑伏羲見政少立人民苟安因念老母女弟尚在成紀親往迎請聖母在林中悠然自樂與女媧忝悟道理是日女媧入山樵汲供母伏羲拜見聖母訴別後因及今迎養之事知女媧出外往山中尋訪見雲山如舊歎息不已歸根思故里復命覓同胞○

先出太清者祖次叙玉清元始次叙上清玉晨三清已見玉帝降生玄帝亦出天官之事將次定局此後所叙乃及世俗修眞之事證果受職方有主宰

甚矣教化之易弛也

法乾坤以正夫

○○洛書出重衍卦爻　○○○鬱華見劇談玄妙

行至麥積山，今爲秦地林泉之冠，形如積麥。女媧擔柴而至，相見慰問，女媧曰，兄去許久，必有所得。伏羲就沙地畫卦象以示曰，知此理乎。女媧視之曰，此中義理無窮，然推其微奧，不出乎陰陽之道也。○今秦州有八卦臺，大雪後猶見卦痕。伏羲大喜，歸遷母姊於宛丘之都。上古男女野合，知愛而不知禮，雖經燧皇定配，日久懈弛。女媧一路見男女無別，謂伏羲曰，爲教莫先於敦倫，敦倫必由於嫁娶。今姓氏頗多，不可同姓爲婚。○姓者，紀其祖父之所自出，以別子孫之宗派，以女從夫曰嫁，取女爲妻曰娶。凡欲嫁娶時，必先用一人酙酌其事，謂之媒妁。媒，謀也，妁，酌也，通二姓之事。然後行儷皮爲聘禮、

婦父子　亦合姓之權重萬民之儷（古者衣禽獸之皮儷雙也以偶數之皮取伉儷之義）已聘

神媒　之後雖未嫁娶不得與他人遊戲則人倫之本立而民始

皐禖　不相瀆矣伏羲喜曰聖哉斯言我妹能正姓氏職婚姻民

女媒　得以判可呼爲神媒後世祀爲皐禖（之神一曰女媒）即曉諭天下百姓當

赫胥又從何處聞之　依此禮而行都南天中山下居民奔告水有一龜（二鹿）其大異

常見人則端目而視全不畏縮伏羲同往觀之碧草芊芊

驪連氏　多如萬屬赫胥曰聞蓍草千歲一本百莖其下必有神物

混沌氏　守之伏羲命驪連氏備犧牲陳祭於岸側上流有混沌（亦作）

（蓍生龜出乃究天地之大以斷）　敔氏張設網罟少頃元龜分蓍而出皜身素甲昂頭望見

伏羲閉目縮縣不動混沌牽上岸視之廣三四尺聳背皆

休咎之教觀卦之變爻之動窮世之用極数之原所謂先天易也

平伏羲乃以河出馬圖及所畫八卦就龜背文理八方布之是爲天地定位山澤通氣雷風相薄水火不相射觀象於天效法於地近參乎身遠取諸物以八卦各有三爻因重而衍之爲上下太爻於是八分爲十六十六化爲三十二三十二盪而爲六十四共得三百八十四爻皆取法象自然之妙所以成變化而行鬼神也乃教民以之定猶豫决嫌疑使不迷於吉凶悔吝之途造化之秘泄於此聖道之統始於此矣伏羲知元龜蓍草皆是至靈之物必爲後世之用遂捧龜采蓍而回更元龜名蔡以其有草作祭也令其水曰蔡溝旁築一臺四周皆生蓍草草下常産大龜是其種也伏羲領衆回都築一壇

泰帝

太皇

於都中，命中央氏爲守龜史，陰康氏爲藏著史，同在壇中，與之精衍卦象，伏羲爰興，建神鼎一座，樹立壇場，以鎮方位。鼎一者，一統天地萬物所繫終也。羣臣見有如此作爲，乃拜頌曰：前者三皇，雖開世道，興教於民，但俗尚洪荒，而文明猶未盛，煙霞猶未啟。今我主之王天下也，明並日月，德合上下，天應以鳥獸文章，地應以河圖洛書，幽贊神明而生蓍，参天兩地而倚數，觀變於陰陽而立卦，憑瑞於景龍而作書，非特爲萬世文明之會，實爲開物成務之宗。當尊帝號，使天下知隆也。因上號曰泰帝，道通上下曰泰，德合天地曰帝，後世皆稱太皇、太泰，同，亦號春皇，太號天皇，又曰皇雄。帝念羣臣助美政教，可封之以

春皇
天皇
皇雄
曰有巢氏
曰無懷氏
曰尊盧氏

地、授之以官、（官者公天下而治也）爲有神龍降、瑞遂以龍紀其名、首命朱襄爲飛龍氏、名金提、職圖册、列禮義、以宣教誡、命昊英爲潛龍氏、名鳥明、造甲歷、以知時度、命大庭爲凥龍氏、名默、視主治屋廬、以便民居、命陰康爲土龍氏、名紀通、主中職內事、兼治田里、以正疆界、又名主田、命混沌爲陸海降龍氏、名仲起、主平土地、繞靖海、命栗陸爲江湖水龍氏、（一曰栗睦氏）名陽侯、主斬繁滋草木、疏導泉源、是爲六龍師、又命有巢爲青龍氏、曰春官、（又曰蒼龍）命無懷爲赤龍氏、曰夏官、命驪連爲白龍氏、曰秋官、命尊盧爲黑龍氏、曰冬官、命中央氏爲黃龍中官、遂號曰中黃氏、（亦曰中皇氏、一曰中皇子、）是爲五官

中黄 中皇 柏岑

始立二相以共工才廣智多力雄身偉立為上相以栢皇姓栢名岑博通萬物曲識人林用為下相乃使朱襄昊英居左右栗陸居北赫胥居南昆吾居西葛天居東陰康居下分理宇内而天下治於是瑞鳳來翔奏帝聽八風而授民擧六佐以自策見四方歸附欲撫其遠來以祝融有歌樂之作乃亦作荒樂歌扶徠之歌蓋慰勉而招之也咏網罟以鎮天下之人命曰立基又作河圖引以紀其事復求良林作衆樂之器采椅桐梓楱四木其林皆美惟桐木幹挺節踈以桐之上稱清而無神下根濁而不明取中幹卯之清爽中和神明得體遂投長流水中浸七七日然後親自斷

削以身爲度屈食指中節爲寸曲肱至肘爲尺十分曰寸
用之以齊長短廣狹而制爲琴琴者以禁淫邪正人心也十寸曰尺
長三尺六寸六分一云七尺有二寸象朞歲之日廣六寸象六合
腰廣四寸象四時龍池八寸通八風鳳沼四寸達四遠前
廣後狹象尊卑上圓下方象天地暉十三象十二月餘一
暉象閏用絲繩二十有七爲絃命之曰離徽以操駕辨之
曲以通神明之貺又作絙桑三十六絃之瑟絙大索也桑脆木名取
矜莊縝密之義以修身性之理以合天人之和觀鳳之體
乃編小竹之管參差不齊象鳳之翼發聲和美象鳳之鳴
大者編管二十有六長尺有四寸謂之雅簫小者編管十

古者喪制無数爲喪

六長尺有二寸謂之頌簫總名簫管、取紛束肅清之義、泰帝常自鼓琴瑟而歌、令近臣吹簫管而和、每一奏之、鳳凰應聲來儀、百鳥和鳴翔集、君臣大悅、及其天真達、靈成性、象物昭功、自是不離其側、而音樂興焉、復聚銅爲棘幣、外圓法天、內方法地、以定輕重、以通有無、民或感厲沴而致疾、帝乃察六氣、審陰陽、而四時水火升降、得以有象、遂嘗草治砭、以制民病、而民滋壽、更因甲錄合五緯建五氣消息禍福、以爲之元時、聖母一百五十有二歲、無疾而逝、帝與女媧哭泣甚哀、食不甘味、衣不蓋裘、踰七日營葬、附於華胥氏塚傍、臣民哭送者幾千萬人、爲喪三歲、以報懷抱

土達

子襄氏

之恩輟樂不鼓後簫瑟之音先起以其聲凄清烏抑也前所紀龍師龍官各君一方以理人民皆能稱任其職政化大洽朱襄飛龍氏受封於宛丘之左今歸德柘縣其時恒風振蕩羣陰閼遏陽氣不伸果木難實朱襄命臣土達作五絃之瑟象五行鼓之以來陰氣以定羣生於是果實民安謂之來陰之樂後得永命之道避世而去其子曰子襄氏傳三世爲政其東青龍氏爲上古人多禽獸之難有巢氏曾教民巢居人獲以安及其久也木枯枝折常遭顛覆損傷之苦故教其編槿而盧緝藋而扉誅斬蓬茅填塗茨翳以免居高之患而親族得以共處衆爲其能葺有巢之化故亦號

五

古皇
權臣遠
大廷
朱顏

有巢又曰古皇著龍氏傳七世有權臣遠貫任之禍而衰葉欲削之遠懼而變有巢氏遂亡尻龍大庭氏本曰大廷初曰朱顏一曰朱須都於曲阜以火為紀一曰炎帝見古皇編槿緝藋僅蔽風雨違禍患耳不若因而法之更廣其制度於是教民豎木為柱橫木為梁設椽脊置壁槽覆之以茅茨圍之以泥荻民從其教果是氣象不同適有嘉瑞三辰增輝五鳳異色故曰大庭之館後黃帝游大庭之館魯有大庭之庫即此大庭少得內養之術壽已二百餘歲更能參悟長生治十九載遂隱去子孫五世膺錄其降葛天氏之治世也不言而信不化而行湯湯乎無能名之俗以熙熙其作樂也八士捉扮四歲杖牛三人操

尾卬角以亂之投足以歌八闋一曰載民二曰玄鳥三曰遂草木四曰奮五穀五曰敬天常六曰達帝功七曰依地德八曰總萬物之極是謂廣樂爰儗旋穹作權象故沉滯通而天下泰矣(後傳四世皆如此)南方赤龍無懷氏之撫民亦然以道存生以德安形其民甘食而樂居懷土而重生形有動作心無好惡鷄犬之音相聞民至老死不相往來是曰無懷氏之民(傳六世猶盛)世世用太平時泰帝制郊禪之禮於是無懷中皇二氏勸帝升封泰山之臺降禪云云之亭以祀天地昭姓而考瑞勒石示遠天下漸趨於文矣混沌氏舉網得蔡因爲降龍氏命驅民害能承上之政以行於下(自後)

子孫因之爲姓赫胥氏一曰赫蘇在降龍之南其爲治也尊民而重事是時之人、居不知其所爲行不知其所之鼓腹而遊含哺而嬉晝動夕息渴飲飢食莫知作善莫知作惡泰宇以寧疆域以清光曜烜奕而隆名不屈故號赫胥顯迹於潛山是爲衡嶽天柱山、葬於朝陽峯諸處化行俗美而帝都西北忽河水壅塞橫流帝深憂之思所以治之之道乃命土龍氏陰康治於華原其時河瀆歲久不疏陰凝陽閼人之氣脉亦鬱於內腠理滯着而多重腿血爲不行手足漸多拘攣陰康知是坐卧濕地又感風寒三氣雜而爲痺因想通血脉之道乃制舞儀教人引舞或持竿棒輪轉或以肢體輾舒

子英氏

以利導開節是爲大舞痿痺之病既去然後使其疏通水道治其里居陰康葬於浮肺山之陰傳二世爲土龍潛龍氏昊英氏其子曰子英氏出治於西其地寒而民稀獸多而木茂見民無以禦寒教之結薪爲衣傳九世皆指爲衣薪之代驪連氏一作纚連氏、鼇連氏、鼇蓄氏西與昆吾之地連又曰昆連氏聚五金於驪山鍊爲偃月之形名曰斧斤以之入山砍伐材木昆吾氏知之亦聚金鼓鑄作蛟龍之形長六尺腹背皆鋒鍔光芒四射名之曰劍劒者檢也所以防檢非常也後其劍即名昆吾傳十一世世爲劒官冬官黑龍氏尊盧一曰宗盧都於蝸臺之陽與昆吾葛天爲比隣山多精金而不知用其立政也無所甚親無所甚踈

想到此處修道之念自急也

欝華子

菀華

宛華

抱德葆和以順天下而世用寧治九十餘歲葬浮肺山之陽相傳五世皆尚敦樸中皇氏都於皇人山之西是爲竅鄗山居近大庭無懷尚修儀制時號封禪之帝後傳四世泰帝分壤茹穀盡地之利以制國用心不自聖皆取於易安居九區之中享和平之樂因思聖母之逝知氣數無常乃問下相栢皇曰人生如草木榮華未久而枯朽隨至未知枯朽之後更復如何栢皇曰聞南湖之濱有欝華子者轉出道祖實爲菀華一曰宛華云在初爲洪厓歷二千餘歲知性命之源養真之理世人多有得其道者盡往問之帝欣然將同女媧倉頡前去中央時在八卦壇中與帝常究玄機頗知義理亦欲同往昆語游

成寶劍來獻聞帝南行訪道願爲前導帝命栢皇在都攝政即日君臣五人徒步起身羣臣遠送帝命之俱歸在路叮嚀中央等曰此行須虛已聽受畧去君臣之儀呼我爲

宛丘生

宛丘生可也衆領命既到湖濱滿山谷尋覓不得見深隈處有二童子調水爲戲帝問此間有鬱華子否一童曰吾師也頃往巴蜀洞中去矣（四川重慶府有洪厓洞）帝問幾時可還童曰少則百歲方回（視百年如頃刻）必欲相會請進洞中安坐以待不然或到彼處訪尋一任尊意帝曰既在蜀中自當前往遂辭童子西行至中途一山登之見大竹蓊蔥綠遍岡麓中有一人獨坐棕團神炁爽然帝使昆吾問路其人曰此處竹山

此處當作玄學莫詮看

巴蜀咽喉之路到彼何爲昆吾曰聞鬱華子知鍊性修身欲往問耳其人曰山徑崎嶇江源洶湧以至尊之人而下問山野鄙夫不已甚乎帝訝曰我服飾不少異何以知之決非常人也乃前拜曰我宛丘生兄弟五人皆下濁愚蒙遠求高人指示性命之學不意有緣路遇勿吝教誨其人扶帝坐於石四子亦散坐聽教其人曰性命二字不可概觀而修之有道帝曰其道何如其人曰夫修命不修性者使性遊散於百骸九竅不知歸宿之所不知靜定之樂一身之烝湯沸火煎莫能止息則烝馳神耗精必無由以生精既不生性必昏而不明雖欲修命其可得乎更有修性

廣成子八卦先包有耶

不修命者不知命乃天之所賦皆形體而立緣精神而生
神本無體以炁爲體精無定形以炁而形體物有三根本
則一主雖惟神精氣亦所當養三者互相爲用不可相離
若不保其形骸務思虛渺則真元已耗雖欲修性豈可得至言
乎帝蹙頞曰若此如何而可其人微笑曰騎牛覓牛能悟
者誰苟欲修此須識生如石火流光附薪而焰死如秋蟬
脫殼本性猶存只就此處理會更不轉移便是歸根復本
性命偏全之理從可識矣即見鬱華亦如是也明明說與予昔師廣
成子受靈飛六甲八卦鎮方之籙得其道以襲炁母今以
授子遂探揣與之帝起拜謝其人趣扶曰子以木德而王

第七節 九

爲五行之首、生生之機、所以帝起乎震也、能洩造化之秘、破後世之迷、誠有功德於萬物、何必淹留於塵俗、而不知自逐乎、若能凝靜自修性理悟作爲兼脩命根牢。

羣賢畢集、而雜一共工於中、治亂倚伏之機可悟、

太昊觀河圖而畫卦、肇啟文明、參贊之功最大、生爲明帝、歿爲明神、猶未足以讚也、倉頡造字堪以配享、

女媧制嫁娶之禮、而婚姻正始、後世合卺之夕、當爲神媒談祀

太昊之臣成道者有五、一修而證者、倉頡中央也、投胎顯化者、朱襄稻皇天庭也、

〇〇女媧補天扶正系　〇〇神農藝穀濟民飢

又謂女媧曰、繼木而主者、火也、然汝乃陰火耳、有匡贊鴻功、撥亂反正之能、以手指各人所坐之石曰、其後正(伏)系有虧、可鍊此石以補之。衆同視坐石、已分五色、倉頡趨而前曰、下愚心易流動、無一息之停、不亦病乎、其人曰、道體之本然也。子嘗觀洛水之瀾、得龜負書、以子有睿智之德、能效水流傳於後、爲文字之祖也、帝指昆吾問曰、此子性極堅剛、恐有挫折之慮、吾師以爲何如、其人曰、堅剛不屈。人所難能。但其聚金鑄劍、乃從革之象、本身難保永久、而其子孫自能衆多、如老幹之被伐、萌蘖復叢生於根也、其後爲憂

青牛一見令人神爽

之諸侯、有支流入西夷、曰
崑夷、故人之子孫、為後崑。（此為道器）回顧中央、拍手曰、五子皆合五
行、惟此子沈靜端默、其為中黃氏也宜矣、豈苟延壽考、地
行尸解若比、四子皆未可及、若能進步參玄、潛心修道、吾（中）
（央何幸）當為汝提攜、中央斂容稽首曰、得蒙道長垂情顧追左右、
其人大喜、拍地上欒團呼曰、起起、忽矍然而立、卻是一隻（原來即是此老）
青牛、頭角崢嶸、四蹄穩健、其人跨上牛背、中央緊隨不移、
其人曰、牛〻、甚速、子非徒步可隨、須覓一物乘之、向東北
招曰、元龜、狂風中分明見所藏之蔡龜、騰空而至、伏於牛
後、中央拜別帝與三人、跳坐龜背、帝扳牛角曰、幸聆道長
片言、使我身世兩忘、性命一視、乞留尊稱、并期後會、其人

嘻嘻而歌曰

質彼栢皇秋深夜長雨微載晤具茨堂

拱手作別揹牛望南飛行中央亦駕龜去其後鬱華使中央入嶓冢度太旲上具茨中央改名王倪王一土也倪倬益也合中央之義後再改黃安亦不外此未幾鬱華以華者神采外彰也不若退藏於容旋改曰鬱容子帝等悵然若失怏怏而歸至郊外羣臣迓接入都守龜人報數日前忽大風雨失蔡所在帝以其事問於栢皇對曰聞鬱華常乘青牛出遊或即是也帝愕然初以性命既明故不復往求見孰謂竹林遇之不識君臣嗟歎不已帝受籙披究已有所得思秋深雨夜之句乃自悟曰我以木王遭秋深金盛必解脫而零落入以我為日

化蠶桑爲總帛茵網罟以建市聚銅棘幣嘗草制針觀此而知先炎黃而有也

宓妃

女皇

月之明兩而夜日月且無光矣然徹兩月光易現當晦而復明吾其死矣遍召后妃諸子及羣臣耆老謂之曰我不敢妄薦死後惟推德者立之毋負天下之望言畢而崩以其如天之墜地山之頹折也時值仲秋是日天昏地慘帝壽一百二十有八在位一百一十五歲一本在位百六十有四載一后二妃生五子皆賢智一女尤烈孝爲父歿自溺於洛川是爲洛神宓妃五子相隱於沔陽一山郢之景陵後子孫繁衍派分爲五山遂名五華姓以風以處以伏以羲以包至唐虞時即分封於此女媧以雲紀姓生而神靈太昊每與議之而行至是羣臣尊爲女皇悉聽其剸決葬帝於成紀最高山陽因名曰嶓冢又葬衣冠几杖

△虞手

於宛丘共工氏者名康回生得髩身朱髮鐵臂虬筋長過一丈（十尺曰丈）力勝百鈞自幼挾詐爲恭太昊誠心待人用爲上相任智自神傲擾天紀及太昊歿意其德衰天下無出其右者聞羣臣推女媧爲主焉肯甘心居下因而竊保幽冀區方是其食祿故土百姓一呼而應聚衆作亂欲振滔洪水凭高相視南北地形乃壅防百川隳高湮卑以禍天下自謂水德繼王以水紀官令師虞手作勝樂奏之終日湛聽淫佚其身深以爲得計女皇居於宛丘遭水害避入中皇之山問栢皇曰制水者土也土生於火鬱華曾言我惟陰火曷能勝此洪水得一人相助方可栢皇曰聞衡山

曰莫坏
栢皇知鬱華知莫坏留心人物莫是相裀

◎東里子爲諫臣之祖

之陽有祝融氏之後曰莫坏者得異人傳授知火作用此人可以制水女皇命使者招至女皇詣其故同上山頭觀測水勢知水原從古道續流今被壅塞多時忽開隄衝下致旁流漲溢莫坏乃教聚蘆葦燒灰壅於低處如連山屏列止其滔水也女皇即令衆料理莫坏整治火炬火彈灰瓶烟窩之類共工聞女皇用莫坏之謀大笑曰憑高趨下勢如破竹祝融小子能拒我乎更使人結連近隣栗陸氏爲助許其厚酬栗陸從之其臣東里子諫曰共工隳天綱絕地紀覆中冀壅水害人殺機先動自亡不救不可爲其所惑栗陸曰男子反事女人耶東里曰男女本同一體耶

正實分兩途執意助其爲虐逖至皇天弗福庶民弗助悔何及哉栗陸怒叱左右殺之衆皆哀傷栗陸愈無忌憚傲愎自用民心益貳欲相攜叛栗陸使民注水決隄莫坏預備停當見上流水勢漸高及積至滿反往北逆流莫坏侯水勢稍平驅衆各執火器乘其無備殺去共工在隄邊監督洪水倒湧而至見無數人衆執桿棒火炬且擊且燒一時烟乘風勢撲面迷睛左右自相踐踏共工棄衆奔投栗陸其時栗陸之民聞共工衆潰已相率攻殺其君共工望東投尊盧氏尊盧拒之復向西走一山壁立萬仞上有天然石柱屹崒危峻峙於山頂幾揷雲漢
按九域志名山三百六十天柱有八

（此在西安山陽縣）共工同親黨至絶頂處雖有池可飲有果可飡因想在冀作威今遭困苦一股怨怒邪惡之氣直衝上天雙手捧定石柱搖撼發一聲吼將頭觸柱劃然崩倒林木巒石遇之碾爲粉碎震動地之四維皆爲缺陷幸而石大山高羈滯畧緩衆於山下見之抵當不得女皇役其神力急命斷巨木爲海鼇之足（鼈屬善戴）立於四極天柱墜下支駕於上不能動莫坏今衆攀援四上共工計窮乘夜逃去莫坏先擒其親屬復尾後追去共工西走昆吾界上昆吾已遣人執劍守禦不能入境拋頭復至驪連地界驪連迎之殷勤問慰俟其睡熟以井繩縛往解見女皇女皇親握昆

吾之劍數其罪而戮之作赤文盡舍其餘黨而遷之後世以赤文為赦亦舍釋之義是時四極正冀州寧以其地與尊盧昆吾驪連三氏分治聞東里子諫而被殺封其子為栗陸之君女皇率衆回都禱於神祇大賞祝融諸臣因見宛丘遭水湮沒不堪居駐就建都於中皇山陰命人夫四圍鑿地為池即以池中之土環匝周圍即後世城壕之始女皇又欲建造宮室下令於衆將往召大庭氏為工師不意山中諸類精靈一時皆來效命夜與衆工運材鑿石併力營作極其巧妙煥然新異女皇與衆目所未見大喜曰可名為神居因有鬼神訶護也又名池上之土圍曰城成也以之盛民城邊遍插柳條根

初謂天乃一元之炁何由而缺從何而補觀此始悟妙有至理令我心服

茲可絆隄岸，枝葉可蔭城垣。四方各啟一門，以通出入。今河南西華縣有媧城，即女媧所都。其中宮室雖美，而矮小委曲，如蝸牛之殼，後世稱蝸居本此。共工頭觸天柱，倒傾缺壞，山南一帶行人不能周匝，故曰不周山。其旁百姓爲共工怨氣結滯，陽和不達，一望空黑，常有淒風慘雨，難以存活，乃奔告女皇。女皇因想鬱華有言，正氣虧時，煉石可補，即同衆往竹山中，仍見巨石纍纍。令人運至山頂，按色分五方排列。聚木植於旁，候東南風起，縱火燒之。令童男女各一，持巨扇鼓煽，不時添木助火。煉一七日，氣成五色縷，隨風散布空中。西北不和之所，得陽氣衝去，陰翳消滅，依然覆壽無垠。今隕陽竹山縣有女媧山，其上最平，故秦曰上庸。女皇

娥陵

聖氏

素娥

見地再天成名其地曰補遂自是四方寧治回都命臣隨作笙簧以通各國殊風以裁民用大笙十九簧小笙十三簧（笙中金葉）笙者集太簇之烝象萬物之生有七政之節有六合之和天下聞而樂之又命臣娥陵氏（一作娥陵）制都良筦以齊一天下之音如簫管而小六孔並兩吹之衆音得之以協命聖氏制班管以合日月星辰擇晨以作樂女皇用五絃之瑟以動陰聲復極其數而為五十絃長七尺二寸廣一尺八寸於北郊澤中之方丘使素娥鼓之用以郊天侑神酬順序之恩禳殺伐之過鼓動瑟聲忽愁雲四塞陰霧迷空女皇聽之極悲禁之不止知用絃太過有此雜亂之

治國安民固是勞神然不如聲色貨利之傷人更甚

皇栢

音不足以達神明尺寸乃折而用其半破爲二十五絃以抑其情是爲頌瑟飾以寶玉繪以錦文再鼓之天地清明幽微無不得其理是時各國君長相繼而殂子孫皆承祖父之業女皇總紒而笄加之髮帶而頭飾用常乘雷車黼六蜚龍以御天曾與倉頡栢皇得鬱華之指暇則悟眞養性但女皇嘗運謀制敵設法安民不免精神耗損只在位十五歲一本在位百有三十載非壽一百四十有三而崩共佐太昊治政之數爲百三十歲羣臣舉哀治喪議立栢皇爲君栢皇立於正陽之南謂之皇人之山是爲皇栢以木紀德出摶太陽駕六龍轄其政治爲而不有應而不求知女皇即世恐衆來

蒼帝

言烈山氏

言厲山氏

言少典

言安登

言勗其

擾乃走隱遠方其後傳守皇人二十世衆人不知其處遂欲議立倉頡頡聞之避入陽武深處羣臣敦請不出每遇大事必詣山諮問尊號曰史皇倉帝倉帝又烝妻之祝融莫坏衆皆就莫坏聽命莫坏曰吾壽德涼力薄何足以當大任我宗祝融氏分派其始本於烈山曰烈山氏後遷於厲山曰厲山氏今湖廣隨州又曰少典氏娶有蟜氏之女安登爲妃又曰任姒生二子長曰石年次曰勗其石年未生時其母遊華陽之常羊感神首飛龍之祥隱伏根源歸育於姜水之上遂以姜爲姓名軌按荆州記厲山有二穴神農生此今即其地爲神農社伏臘祀之三辰而能言五日而能行七朝而齒具三載而知稼穡長八尺有七寸生

魁隗氏

而牛首人身怪異之相乃曰魁隗氏賦性好生惡殺志在利人教民開闢土地樹藝百谷同穀民賴以食皆號爲神農氏謂其神明於農業也後世因名耕田之民爲農又善於政治所在皆安聞其出遊於北須尋之主客天下自然制度廣大也衆聞踴躍各察聽訪求神農

神農

是時見故土僻於南方不能普知天下事物乃北遊於伊水之陰有草偏生地上其候皆春生夏長秋實冬落合四時之氣實皆黄殻内粒或白或黄赤即今之早米晚米糯米三種也又有一種軟皮而黄者秋生冬長春秀夏熟即今大小麥故夏熟麥秋如栢之秋熟也又有極細小大角者今之大小粟米也神農將外殼舂去煮而食之可以和胃止飢土人云此

即倉帝造字初成時天雨之粟也神農知天賜瑞草與世人活命若以之樹藝足可滋用於是因天之時分地之利相土之高下原隰就百谷之性所宜而値以堅木斲削成耜其形尖頭橫孔長半尺餘揉長木爲柄曰耒爲起土耕田器具乃分民爲農圃農有三曰平地農山農澤農三農藝九谷黍稷秫稻麻大小豆大小麥也圃者藝菜蔬果蓏草木之屬木實有核曰果蔓生草實無核曰蓏合農圃所藝統謂之百谷神農遂教民耕種之法每候躬自指畫凡浸種播種插蒔耘檥以至築場刈穫用風稻磨壠之類無不教導自是始知米粒之美勝於他物但未及再加精鑿耳後以禾黍登場一

屏封

歲之功畢號曰一季而治圃者種植漑灌之法亦各因其時於是農事之典徧天下矣六穀盈稔以供粢盛而給軍國麥申國禁春夏所生不傷不害乃擇平衍之地復築一城爲於此分辨穀種名曰谷城（在平陽縣州）安妻孥於中復自東遊於羊頭山有一稈八穗之穀神農曰此佳穀也傍鑿一潭汲水滋培任其自落（今長子縣神農井是也）爲有嘉禾之瑞乃令屏封作八穗書以同文而頒令時西南之民夏天以稼米爲炊越宿未食明旦有漿生焉嘗之甚甘衆異而效之俱歛秫釀熟取漿而飲以其適口乃至谷城進之神農嘗之曰味此漿能通血脈厚腸胃可禦風寒霧瘴養脾扶肝

聽詙
臨魁
董權
不浩
耑
女娃
尊盧女
邛
柱
起我

咽下皆儆於面可名曰酒以其能就人性之善惡造吉凶之端也自後東南之人釀以椰子桑椹西北之人釀以葡萄麥菽然不知搦濾皆和糟粕而嚼尚無麴糱以斆其味也神農因得神醴灘嘉穀茁知天下既泰又遷治於伊水之濱繼遷於耆合稱曰伊耆氏先娶奔水氏之女聽詙爲妃一云赤水氏之女生子五人長曰臨魁會魁斗臨於室上而生也次曰董權不浩耑少女曰娃復納尊盧氏之女爲妾亦生子三人曰邛柱起我神農挈子柱在外設教內政悉委聽詙莫坏與諸臣徧處訪問聞神農在耆田之野相率迎請爲帝在陳倉築城候之神農知衆來迎乃策杖而逃去

爲嘗藥救病根由。

入温地山中七日不食覺腹中餒甚掘地得黃長者啖之味甘咽下頓然血分調和大有補益名之曰地黃合地之堅凝得土之正色

有心訪道而覿面失之皆知爲太昊惜知學道者不當僅爲太昊惜也

竹山一席話當作修眞要訣看若覩爲常談亦是覿面錯過

朱襄大庭中央臣也乃免帝而修卒以成道可見抽身宜早中央氏以沉靜端默得鬱華度去當知輕浮者離道遠矣

爲赤松求雨根由

○○○救亢陽赤松施雨　○○○蹈苦海少女求眞

又得一種色深黃而成塊者、味甘而微辛、食之大生精氣、即以黃精名之、一路採食直至深奥處、渴吻欲飲、以杖畫地、遂成一澗、掬水飲之、今懷慶溫縣山中有神農澗、莫坏等知在溫地山中深入、敦請簇擁而出、神農不得已、同衆向西行去、見盈野林木毒蛇猛獸藏匿其內、大爲民患、非特夜行不能、即白晝亦必結隊方走、木之幹小者合抱、重圍大則千尋、曲折、皆盤根錯節、連理交枝、非斧斤所能砍伐、近處田禾都被吸去、雨露不能興、發神農令衆人縱火焚燒、綿延甚遠、其燼周歲弗熄、害人之物燒死極多、神農既到陳倉、羣

火帝

△赤冀

△白阜

臣擁即帝位承火德代伏羲因號火帝時年三十歲修火之利范金排貨以濟國用乃命赤冀作杵臼作鉏耨錢鎛釜甑井竈民無腥液之患帝以陳倉僻小命衆往宛丘築城建都遷陳倉之民以實之民樂從者相半即名宛丘曰陳更命白阜度地紀脉水道以大馭小國土聯繹乃鳩工畫地爲城池以守之迎谷城之妻妾子女至陳都共居立先君之廟以時祀之乃令子柱居守谷城教民耕稼命子董居於伊水子邛居於耆田居子嵩於筑水居子不浩於陳倉其後凡姜農稷伊耆谷倉衡温皆其苗裔祝融厲烈連山亦其宗派也神農設教惟重農事宣登穀之法時其

來得奇突

時。以待天權周旋。是以年穀順成。衣食足而禮義興。姦邪不作。而人從其政令。時西北一帶。自大火焚林。土焦石爛。川竭山崩。皆成沙磧。連天亦幾時不雨。禾黍各處枯槁。火帝終日憂慮。先教人以黃精與一種草根。白而味厚者。名曰水相和。爲餌可以止飢。謂之米脯。報宮外有一野人。形容古怪。言語顛狂。口呼能甦民困。會解民災。火帝趨視其人。上披草領。下繫皮裙。蓬頭跣足。指甲長如利爪。遍身黃毛覆蓋。手執柳枝。狂歌跳舞。火帝恭迎其人。不顧後見眞誠懇切。方答禮問曰。子之所欲。爲我乎。爲人乎。火帝曰。予實不德。謬爲衆立。以干上天之怒。亢旱不雨。禾苗槁死。萬

引起赤松

問得妙

映帶元始有來脉

赤松子

民無以資生今遇異人出山必有良謀濟衆其人曰爲我不過私狥一身爲人心在利物功德廣大子既憂民如此我爲子言之子居白石山東之黃石山因山多黃石樹盡赤松故予號曰赤松子與吔隣白石生及曲阜大庭氏交好蒙白石挈赴王屋之約（應前）得遇太虛赤眞人同授金丹妙旨冲舉之術白石以爲人間之樂何殊天上不肯修習蜚升専以鍊氣補神爲事辭歸白石山聚金作丹但取不死而已予留王屋修煉多歲始隨赤眞人南遊衡嶽眞人常化赤色神首飛龍往來其間予亦化一赤虬（隱應）追躡於後遇緣即度逢迷即覺既而隨眞人入天闕朝謁元始衆聖因

予能隨風雨上下即命爲雨師主衍霖雨知子有憂民之心故來施請雨之法火帝曰吾師具此大慈望請甘雨濟此生靈赤松唯唯腰間解一小盂令滿盛清水立於高阜處將椰枝蘸水徧灑即時霧起雲生霏霏雨下少頃沛然大作約有三時高原廣野只聽潺潺水響萬民之煩躁頓解草木之枯瘁漸滋矣火帝大悅見赤松自雨中走來身無半點沾濕火帝再拜稱謝赤松曰天地以好生爲切不過體之以濟世耳火帝愈敬延入內殿細叩清虛之旨良久始別女娃者帝之少女素好修真聞赤松道術稟知父母欲求其教帝先爲啟請後率少女拜見求道赤松曰夫

眞道須累積功行内外兼修方有得也吾子志慕長生性耽逸樂能遠歷危險訪道求眞耶不若深居靜養自然身寧壽永眞靈亦可感動而來也女娃曰慕道之誠如渴思漿若待之後日不亦日邁西山水歸下瀆直使紅顏頓改（急切）白髮頻增何能勇猛修持哉願爲弟子受教不懈赤松曰子之求道誠篤但世情有男女嫌别（於道何妨）子不能隨我歸山有一相宜處予可就之自然有成也女娃請問何處赤松曰（帶起金母）予嘗結舍於王屋之北天門山適西王母從東海還崑崙路經山下見沇水既現而伏復發源於太乙池中如銀渠湧出歎曰既現不絕濟而猶未既伏復開斯爲既濟水爲（今沇）

濟瀆之源蓋以此也其別流爲洪水知有道緣因居峰頂洞中洞南有山平
而方正曰天壇洞北險隘如門中曰天門東曰日精西曰
月華鎮日在洞修道每朝結絳霞於峰頂我乃踪跡求教
奉侍既久始得授上眞內經太霄隱書相吾子功行未立
恐不得而見也女娃喜不自勝即欲逸去同防赤松曰毋
之行上無常探聽在洞然後同去別去二日復來曰昨到
王屋訪之已杳冥無迹復至白玉龜山問其侍女云回山
未幾復往蒼墟是晚止於石室侵早侍女食我以夜光洞
草玄紋氷玉𥿄飲我赤泉遂東至曲阜防山會見太庭小
友始知毋果在方諸也火帝曰跋涉東西歲餘莫及我師

可見求道者必先修德。

往返二日。何若此之神速。聞大庭在太昊之前。尚稱小友。必知其長存之故。赤松曰。人懷忠信。地棲蓬壺。其得道也。不亦宜乎。○至言可味。女娃問東海諸山是何形狀。赤松曰。蓬萊方丈瀛洲是渤海中三神山也。上生不死之藥。諸山人採食之。其物禽獸皆白。以黃金白銀為宮闕。遠望如雪。及將至反居水下。環以弱水九重。至柔不能載物。非飇車羽輪莫可飛渡。有德者欲到。則風引桴而去。無緣者雖苦求之。終莫能至。子雖好道。猶是凡軀。若能履水不濡。入火不燎。方可乘危蹈險。不然徒以現在之性命。徼不可必之幸矣。火帝曰。水火最能害人。師言不溺不焚。吾未之信。赤松曰。本師

東門之池可以漚麻即此

赤眞人在衡山朱臺赤城中修變神符合大姓丹已終天庭邀白石往遊南嶽我其去之火帝與女娃送出東門一路談論導引服食赤松云自好食栢實齒落更生教帝切氷玉作屑服之滌去臟腑之汚名水玉散訂衡山丹就來會女娃步至一池其水澄淸徹底赤松顧曰陸行甚慢何不順此流去拱手作別踴身望水中一躍帝猶以爲戲立待良久不見令人沒水尋之絕無影響方知借水遁去各惆悵入城帝雖好道而政事萬機少女幽靜輾轉尋思越覺修眞情切乃告帝曰兒觀人世瞬息百年豈可蹉跎老死況道高之人深處幽谷焉肯出就凡俗兒欲尋眞名山

趣極

警切

先探大庭于曲阜如得一見或有所就帝見其意誠不能禁止戒勿遠遊早歸慰望女娃拜別母妃兄弟帶侍從百人不日至防山因想赤松所言其地近接蓬島為眞靈之窟何不涉海求之命侍從入山砍伐巨木百餘本拽至海邊編為大筏只用童女數人作伴餘者遣歸報信畧帶衣何罪糧器用乘桴出海行不幾日已至大洋隨風飄蕩一望無涘正在驚惶忽起一陣颶風將食用吹散眾侍女號呼女娃不能自主大浪重疊湧至侍女都撇下海女娃悽慘曰未得眞道先殺數人罪莫之大怨氣沖天奮向海中一躍身雖沒而眞靈不散尋化一青色鳥但覺輕健兩臂掉轉

具此善念
自然得度
公精衛

即摩空俯瞰、狂瀾大作、徘徊半晌、轉翅飛回陳都、由北門至通衢、衆大喧嚷、各執竿棒、爭逐女娃、分辨不得、北避一山上多柘木有水出其下、東流注於海、發源濃濁、遡流至東即澄清可鑒、女娃照見窈窕之軀、變跟蹌之鳥、一時形體昭彰、後名其水曰清漳、不勝忿恨、沉思爲大海隔阻、致我身溺化鳥、欲填平大海、以便後來求道者、於是無分晝夜、啣西山之木石、以投於東海、其鳴自詨、久而不倦、時人疑其精誠於內、氣衛於外、而化、因名之精衛、炎帝正憂少女東遊不返、聞有異鳥來集、出觀、已飛去、未幾、侍從回報、浮海之事、帝驚惶、令導至海濱、但見海勢淼茫、何處尋覓、慟哭而同、至曲阜、見山川、環帶、靈氣所鍾、命築城於此爲都、遷宗廟臣民而居之、命子權守宛丘舊都、時帝之三十季正合上天文明九刼、天下年豊物阜、景泰民安、上古人皆樸厚、無物欲之漸染、無貨利之勞形、五臟堅牢、腠理固密、內邪不生、則外邪不入、故患病者少、或血氣枯竭、精神衰憊、非戕賊所致、是天眞有限耳、三皇以後、有口腹之肥甘、男女之情慾、起居不時、飲食自恣、以使皮毛腠豁、臟腑空虛、七情六慾內因於人、五運六氣外感於天、故夭札甚衆、帝每憂之、以爲必先歲氣、勿伐天和、歲氣不亂、和不作沴、乃紀上元、調氣朔、分八節、以端分至啟閉、三朝具於攝提七曜

延年却病、只此而已、

司怪　巫陽　巫咸　連山氏　悉諸　九靈　老龍吉　㶌老

起於天闕始作太初歷後世作曆之原前太昊作干支配甲曆猶未別時節之序至帝作曆始知弦望晦朔一年有十二月而授時作事趨吉避凶曉然有準則之可憑矣乃命司怪主卜巫陽巫咸兄弟主筮於是通變極數以成天下之務謂始萬物者莫盛乎艮故序重艮以為首故亦號連山氏夏后所謂連山艮也帝以悉諸九靈老龍吉為師法其高矩以致於理又師於㶌老因言峨眉太壹皇人知醫帝親往訪問治病情原適太壹出遊其小子章在山帝問之曰太古壽過百歲後世不盡天年而徂落何氣使咎邪章歌曰

天有九門中道最良字曰老人出見南方長生不死象

太壹

老人

僦貸季

脛同光

復稽太始作形之由以爲命之修短皆人自取既不識調保於未病之前又不知餌拯於臨危之際所以輕者轉而爲重也帝曰然留山齋信宿太壹不返遇其朋僦貸季懇載其歸國三請而始許小子章更語以運氣勝復四時感變之理授以天元玉册帝受而退閱因想人之受害致疾有内因外因須得飲食之物入於腸胃使其性達於臟腑及於四肢始能攻治就於草木中搜尋并令四遠採掘親味嘗其滋咽下存想所歸何部即記之以治其經嘗一日之間遇七十餘毒交參播毒頗有調和之味辨釋推尋

露黃芽之茶爲上品於是大索諸藥共得三百六十有五
味分穀蔬草本金石土蛇之類以濟蒼生四百之病遂神
化而著方書察其性寒熱溫平等四旌其味甘辛鹹苦淡酸
六味審辨惡畏忌反之宜情五用合君臣佐便之義區二凡藥味
以穗書之法登記以一藥治一病爲本草以數藥治一病
爲醫方以此溥告天下療民疾苦自此人無枉夭而醫道
始立命儆貸字理色脉對劑摩砭蠻而參之以養性而治
命而人得以繕其生復察四方之泉源甘苦鹹淡令民知
所避就居安食力悞中毒者即令嚼薺苨甘草以解咸頌
其神帝常省方設教歲終獻功開明堂以聽政萬國雍和

治世日久其俗皆化爲樸重端慤不忿爭而財足無制令而民從威厲而不殺法省而不煩帝因燧人貿易之道更作權度量數以平其政使無欺僞權以稱物之輕重而知分錢觔兩度以度物之長短而知分寸丈尺量以較物之多寡而知升斗斛石數以計物之損益而知什百千萬然後定物之價值而貴賤隨時列廛於國日中爲市致民聚貨交易而退各得其所神而化之使民宜之養生之具備後世醫農商技所由起帝思晝有太陽所照則明夜值晦望猶可動作稍遇陰晦便對面不見乃察草木之有膏者撚之以照繼又撚草爲心春絞草木之膏曰油以澆於上

炎帝

名曰細燭以之祭祀神明延接親友可以繼日之明矣時以爲瑞帝遂以火紀官是爲火師春官爲大火夏官爲鶉火秋官爲西火冬官爲北火中官爲中火五官各守廼職教化大行改尊帝號爲炎帝以有火瑞二也火瑞聲臻昭令德徽稱再上炳鴻謨

女媧雖神聖陰也而能補天以扶正炁赤松屬南宮火也而能施雨以濟亢陽此節提綱必熟讀丹經究心玄學人方能解得若以煉石斷鼇作實事看何足與讀仙史

史皇爲山中帝與後世山中相恰是絕對

宛丘爲水精子分化蓋顯言之矣神農爲赤精子分化則未嘗顯言而文中神首飛龍一語冷冷照應特爲閱者拈出

有女媧之神靈即有女娃之好道超凡入聖固不可以男女論然宓妃惟盡人道而爲神女娃妄憶仙道而爲鳥上天科舉亦重孝廉

赤松女娃問對之語深爲警策學者不得草草讀過

多有駕六蜚麟鹿羊而治世者即乘六龍御天之義稟乾剛也

藥鉏代屍宛如飢熊幻極趣極是爲屍解之始